新装版

母乳でも粉ミルクでも混合でも！

産婦人科医ママと小児科医ママの らくちん授乳BOOK

産婦人科専門医 宋美玄
小児科専門医 森戸やすみ
著

イラスト・栗生ゑゐこ

はじめに

宋美玄

「わぁ、かわいい赤ちゃんね。母乳で育てているの?」

電車で隣に座った人からの何気ない言葉。でも、思い描いていたような母乳育児ができていないお母さんは傷ついてしまう。こういう場面は少なくないでしょう。

母乳こそ愛情の証、母乳で育つと健康でかしこい子になる……、そう信じて善意で母乳育児をすすめてくる周囲の人たち。一方、赤ちゃんが生まれたら母乳で育てたいと思っていたけれど、出産という大仕事を終えたボロボロの身体で育児や家事に忙しく、現実とのギャップに苦しむお母さんたち。両者のあいだには、とても大きな溝があります。

産婦人科医を10年以上もやってから子どもを産んだ私も、母乳については理想と現実のギャップに苦しんだ母のひとりです。妊娠から出産に至るまではトラブルもあったけれど、医師としての経験を積んでいたので、何ひとつ想定外な出来事はありませんでした。

でも、母乳育児に足を踏み入れてから、この分野については何もわかっていなかったことに気づいたのです。母乳自体に関する知識もそうですが、なんといっても母乳の話題は非常にデリケートなものだということを理解していませんでした。今までかかわった患者さんたちに、「ごめんなさい」と謝りたい気持ちです。

そうして母乳育児について調べてみると、いつのまにか情報発信者の価値観に染められそうになるのを感じました。

母乳育児の情報には、「母乳って素晴らしい！　粉ミルクなんて必要なし」と母乳を過大評価したものが多いのです。一方、正反対に「母乳も粉ミルクも変わらない」と、母乳を過小評価したものもあります。いずれにせよ、情報発信者の価値観を押し付けられることなく、純粋に母乳についての知識だけを得ることはとても難しいとわかりました。

私がブログに母乳のことを書くたび、たくさんのお母さんたちがつらかったことをコメント欄に書いてくれます。多くは、周囲の医療従事者（主に助産師）や自分の親、義理の親、夫、友人たちから母乳についての価値観を押しつけられた、耐えられないような努力を強いられたというものです。あまりにもたくさんの方からコメントをいただいたので、母乳に関する両極端な意見を、私は〝おっぱい右翼〟と〝おっぱい左翼〟と名づけました。

〝おっぱい右翼〟

母乳は素晴らしい、母乳こそ愛である……などという、おっぱい至上主義。努力しても母乳育児がうまくいかない人もいる、なんらかの事情で母乳育児をできない人もいるということが頭から抜け落ちがち。「母乳育児中は疲れにくい」「眠れなくても大丈夫」「母乳はラク」などと励ますことが、ときにお母さんたちを追いつめることを知りません。また、

「人間は哺乳類なのだから」などと言う人も。それは「環境に適応できない者は滅びる」という、ある種の優生思想につながることに気づいていないのも特徴のひとつです。

〝おっぱい左翼〟

初乳さえあげれば母乳も粉ミルクも一緒、粉ミルクは栄養たっぷり、粉ミルクなら父親も平等に育児に参加できるし、母乳にこだわるのは意味がない……などという合理主義。多くのお母さんが「できれば母乳で育てたい」という感情を自然と抱いていることがあまり理解できておらず、情が通じにくいという特徴があります。

いずれも基本的に善意に満ちているため、抗議しにくいところが難点。そして、どちらも極端すぎます。母乳育児に関しては、バランスよく情報発信している本やブログなどは少ないというよりも、ほとんどないのです。

そこで、本書には、母乳でも粉ミルクでも混合でも、授乳中のすべてのお母さんたちにお伝えしたい情報を載せました。できるだけ具体的ですぐに役に立つ知識を、なるべく中立な立場で、文献などの根拠をつけてつづっていきますから、参考にしていただけると幸いです。

目次
Contents

新装版 産婦人科医ママと小児科医ママのらくちん授乳BOOK

第4章　おっぱいトラブル……91

第5章　離乳・卒乳のこと……105

Column 1

産後の養生について

出産後、やはり少なくとも３週間程度は歩いたり重いものを持ったりせず、できるだけ横になって過ごしたほうがいいでしょう。

もともと女性の骨盤は、腸や子宮、膀胱、卵巣などの内臓を取り囲むような形になっていて、その下部には筋肉のガードルと呼ばれる骨盤底筋群があって臓器を支えるだけでなく排尿や排便、膣の機能などをコントロールしています。

妊娠・出産をすると、この骨盤が開き、骨盤底筋群は傷つき伸びてしまうため、産後は身体を休ませる必要があるのです。無理をすると、膣のゆるみや尿漏れの原因になることもあります。

反対に、できるだけ身体を横にして過ごしていれば、骨盤も骨盤底筋群も少しずつ元に戻っていきます。さらに骨盤ベルトを使うと、骨盤底筋群にかかる負荷を減らせるのでおすすめです。伸縮性があって着脱がラクなものを選びましょう。

ちなみに、一部の骨盤ベルトは、「安産になる」「早産予防によい」などと謳っていますが、そんな効果はあり得ません。

また、骨盤ベルトだけでなく骨格矯正も、女性の健康や美容に効果があるかのようにいわれていますが、根拠はありません。だいたい、骨盤矯正の施術をしても骨盤ベルトで締めつけても、骨盤の形自体が変わることはないからです。

骨盤ベルトを巻くことで得られる効果は、姿勢を支えることで産後の骨盤底筋群の収縮を助けたり、腰痛を予防・緩和したりすることのみと覚えておきましょう。（宋）

第1章
母乳と粉ミルク

Q1 母乳がいいといわれるのは、なぜ？

赤ちゃんを育てるには、母乳だけを与える「完母（完全母乳栄養）」、人工乳（粉ミルク）だけを与える「完ミ（完全ミルク栄養）」、母乳と人工乳の「混合（混合栄養）」という選択肢があり、近年は母乳育児が推奨されています。

それは、母乳が赤ちゃんにとって完全栄養食品で、およそ生後5～6か月までに必要な栄養素が全て入っているから。しかも、母乳は驚くことにオーダーメイド。例えば、早産児のお母さんの母乳には、早産児が必要とする成分が豊富に含まれているのです。

そして母乳には、たんぱく質や脂質、各種ビタミンやミネラルなどのほかに、以下のように多種類のオリゴ糖、粉ミルクには含まれていない機能性タンパク、細胞成分などが豊富に含まれています。

〈母乳に特徴的な成分〉
・多種類のオリゴ糖
・機能性タンパク（アミラーゼ、カタラーゼ、ペルオキシダーゼ、リパーゼなどの消化酵素、IgA、IgG、IgMといった免疫グロブリン、プロラクチン、プロスタグランジン、オキシトシン、カルシトニン、レプチン、アディポネクチンなどのホルモンやホルモン様物質、上皮様成長因子、インスリン様成長因子、神経成長因子などの成長因子）
・細胞成分（マクロファージ、好中球、リンパ球）

母乳は個人差があるものの平均して産後2~3日目に出始めますが、それから3~5日間は黄色くて少しとろみのある母乳が出ます。これが「初乳」です。以降、約6~14日間は「移行乳」と呼ばれる淡い黄色の母乳が、それ以降は白色の「成乳」が出ます。

このうち、初乳には前述した〈母乳に特徴的な成分〉が最も多く、感染症やアレルギーの予防につながると考えられています。移行乳、成乳になると免疫物質などの濃度は下がりますが、一方で乳糖や脂肪が多くなり、赤ちゃんの成長に必要な栄養がまかなえるようになります。

そして、母乳で育てるメリットはお母さん側にもあるのです。まず、乳首に刺激が加わることでオキシトシンというホルモンが出ます。これによって子宮が収縮しますので、産後の出血が少なくなり、子宮が早く元に戻るのです。

母乳と粉ミルクの成分比較表

標準組成		母乳 100g中	粉ミルクA 製品100g中	粉ミルクA 13.5%液100ml中	粉ミルクB 製品100g中	粉ミルクB 13%液100ml中
たんぱく質	g	1.1	11.6	1.57	11.7	1.52
脂質	g	3.5	25.9	3.50	27.0	3.51
炭水化物	g	7.2	57.4	7.75	56.3	7.32
灰分	g	0.2	2.3	0.31	2.3	0.30
水分	g	88.0	2.8		2.7	
エネルギー	kcal	65	505	68	513	67
フェニルアラニン	mg	43	437	59	443	58
イソロイシン	mg	51	637	86	652	85
ロイシン	mg	100	1.089	147	1.160	151
バリン	mg	56	681	92	682	89
メチオニン	mg	15	237	32	232	30
スレオニン	mg	43	659	89	658	86
トリプトファン	mg	14	200	27	187	24
リジン	mg	65	881	119	941	122
ヒスチジン	mg	25	311	42	276	36
アルギニン	mg	31	333	45	326	42
アスパラギン酸	mg	86	1.052	142	1.050	137
シスチン	mg	24	178	24	209	27
グルタミン酸	mg	170	2.178	294	2.130	277
グリシン	mg	22	222	30	230	30
プロリン	mg	91	911	123	878	114
セリン	mg	41	600	81	596	77
チロシン	mg	39	370	50	397	52
アラニン	mg	36	452	61	486	63
ビタミンA	μg	46[1)]	390	53	410	53
ビタミンB_1	mg	0.01	0.4	0.05	0.35	0.046
ビタミンB_2	mg	0.03	0.6	0.08	0.7	0.091
ビタミンB_6	mg	Tr	0.3	0.04	0.3	0.039
ビタミンB_{12}	μg	Tr	2.0	0.27	1.2	0.16
ビタミンC	mg	5	70	9.5	55	7.2
ビタミンD	μg	0.3	6.5	0.88	6.5	0.85
ビタミンE	mg	0.4	6.2	0.84	6.7	0.87
ビタミンK	μg	1	25	3.4	25	3.3
パントテン酸	mg	0.50	4.3	0.58	4	0.52
ナイアシン	mg	0.2	3.0	0.41	3.5	0.46
葉酸	μg	Tr	100	14	100	13
カルシウム	mg	27	380	51	380	49
マグネシウム	mg	3	40	5.4	45	5.9
ナトリウム	mg	15	140	19	140	18
カリウム	mg	48	490	66	495	64
リン	mg	14	210	28	210	27
塩素	mg		310	42	310	40
鉄	mg	Tr	6.0	0.81	6	0.78
銅	μg	30	320	43	320	42
亜鉛	mg	0.3	3.0	0.41	2.7	0.35

『周産期医学』 2012 vol.42 増刊号より抜粋のうえ改変
※Trは、最小記載量の1/10以上で5/10未満を表しています。

A

母乳は赤ちゃんにとって完全栄養食品で、お母さんの身体にもよいからです。

さらに、完母で育てるお母さんの場合、食事をとりすぎなければ自然と痩せます。これもメリットと感じる人が多いのではないでしょうか。ただし、「授乳中はずっとお腹がへっていて、大量に食べてしまったから、全然痩せなかった」と言う人もいるので、あくまでも摂取カロリーと消費カロリーのバランスの問題ではあります。

そのほかに、粉ミルクを買わなくてすむので、経済的負担が少ないこともメリット。また、夜中に赤ちゃんが泣いたあと、布団から出て、お湯を沸かして粉ミルクを作って冷ましてから飲ませるとなると時間がかかるし、寒い季節はつらいものですが、母乳なら布団から出なくてすみます。外出時も、粉ミルクだと携帯用ミルク、哺乳瓶、水筒などが必要なので荷物が多くなりますが、母乳なら授乳ケープがあればすむのでラクだといえるでしょう。

このように、母乳育児は赤ちゃんにとってもお母さんにとってもメリットがあります。もちろん、これは赤ちゃんに必要なだけの母乳が出たらの話ですが、だから「できれば母乳で育てたい」という人も多いのではないでしょうか。（宋）

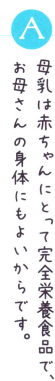

Q2 親が粉ミルクをすすめてきます

母乳で育てようとしているときに、親（祖父母）から粉ミルクをすすめられると悲しくなりますよね。私も退院してすぐの母乳が足りているかどうか不安な時期に、実母から「母乳が足りないのよ！」と言われ、目の前で子どもに粉ミルクを与えられたことにとても傷つきました。

現代は飽食の時代ですが、第二次世界大戦中や戦後しばらくは食糧が足りず、母乳が満足に出ない母親が多かったため、子どもたちの栄養失調も深刻なものでした。粉ミルクは1917（大正6）年に初めて国内で作られてから改良が重ねられ、多くの親たちの育児を支えましたが、それにともなって母乳育児率は減少。1970年代に最も低下し、その後は母乳育児の大切さが啓発されるようになって上昇に転じています。

つまり、粉ミルク全盛期に育児をした親世代には、「粉ミルクは母乳にひけをとらない」もしくは「母乳より優れている」と思っている人も少なくありません。だから今、育児をしている20～30代のお母さんたちは、粉ミルク支持の親世代の人たち（おっぱい左翼）と、母乳育児の大切さを強調して粉ミルクを敵視する人たち（おっぱい右翼）の板挟みになりがちなのです。

実際は、前述のとおり、母乳には粉ミルクには含まれていない物質が多く含まれています。

A

粉ミルク全盛期に育児をしたからかも。母乳育児のメリットを伝えてみて！

さらに赤ちゃんが乳首を吸うと、お母さんの体内で子宮を収縮させるオキシトシンというホルモンが分泌されますが、このホルモンは愛情や愛着をつかさどる働きもしています。授乳中、赤ちゃんを「かわいい！」と思う気持ちがわき上がってくるのには、このオキシトシンも一役買っているのです。

このように母乳育児には栄養面だけでなく愛情面のメリットもあり、しかも母乳は吸われることで分泌量が増えていくもの。母乳育児をしたいのに粉ミルクを押し付けられそうになったら、以上のようなことを親世代（祖父母）に伝えてみるといいかもしれません。

ただし、「母乳＝オキシトシン＝愛情や母性」などと短絡的に考えるのは危険です。人間の愛情や愛着、母性（女性だけに子どもの世話を押し付けるために都合よく使われる言葉ですね）のような複雑なものが、たったひとつのホルモンで語りつくせるわけがありません。

また、オキシトシンはスキンシップでも分泌されます。だから「母乳で育てないと愛情不足になる」などと思わず、スキンシップを大切にしてマイペースに育児してくださいね。（宋）

Q3 粉ミルクだと病気になりやすいの？

母乳中には、特有の免疫物質――例えば分泌型免疫グロブリンA（sIgA）、白血球、サイトカインなどが入っています。だから、ある程度、細菌やウイルスの感染や、アレルギーを防ぐことができるのです。

一方、粉ミルクには免疫グロブリンや白血球は入っていませんが、脂肪酸、オリゴ糖、ラクトフェリン、ムチン、リゾチームといった免疫系を助ける物質が入っていて、抗炎症作用と免疫調節機能があるビタミンA、C、E、Kが含まれています。現在の技術で可能な限り、母乳に近づけているわけですね。

それでも、粉ミルクだと母乳に比べて、アレルギーや尿路感染症、中耳炎、胃腸炎、髄膜炎、気道感染症、敗血症などの疾患にかかるリスクが1・5～3・8倍も高くなります。母乳による感染予防効果は、衛生・栄養状態の良好でない発展途上国で絶大ですが、先進国の中産階級

でも約3倍も入院のリスクが下がるということです（※1）。

また、母乳で育てられた子どもは母乳育児中だけでなく成長してからも、1・2型糖尿病の発症が少ない、リンパ腫やホジキン病の発症リスクが低い、気管支喘息の発症が少ない、高脂血症や過体重になりにくいなどという研究結果があります（※2）。

つまり、母乳をあげることによって赤ちゃんが病気になりにくいのは本当ですから、母乳育児が可能なお母さんは心おきなく授乳してください。

と、一般的な母乳についての本にある記述はここまでです。

でも、感染症予防の手段は母乳育児だけではありません。現在、日本全体の乳幼児死亡率は大変に低く、２０１１年の乳児死亡率（１０００人のうち亡くなる数）は２・３。日本で最初の粉ミルクの発売は１９１７年ですが、その前年、ほぼ母乳栄養１００％と考えられる１９１６年の乳児死亡率は１７０・３です（※3）。母乳だけで感染症などの病気を防ぐことができるなら、昔に比べて今のほうが赤ちゃんの死亡率がはるかに減っていることが不思議ですね。

残念ながら、罹患率（１０００人に対してどのくらいの数が病気にかかるか）の統計がないので、病気になる確率を直接比べることはできませんが、およそ１００年前（１９１６年）のほうが今よりも病気が少なかったとは思えません。

ということは、母乳のほかにも赤ちゃんの感染症を防ぐ手段が、衛生・栄養面ともに充分で、医療事情がよりよくなった現在の日本で、粉ミルクを与えることが病気や死亡に直接つながるわけではないのです。

もちろん母乳育児をしたほうがよいのは誰でも理解できるので、母乳をあげても支障がない方はどんどんあげてください。

しかし、実際にはお母さんと子どもにはさまざまな環境や条件があり、完全に離乳するまでの全ての期間を母乳のみで育てるのは難しいこともあります。粉ミルクを足したり、粉ミルクだけの育児をしたりしたら、大事なお子さんが病気になってしまう、母親失格などと考えるのは早計です。混合栄養、あるいは粉ミルクのみで育てていく人は、あまり心配しすぎないでくださいね。（森戸）

A 感染症予防の手段は、母乳育児だけではないので、心配しすぎないで。

※1 Jay Moreland, M.D., and Jennifer Coombs" P.A.-C.: Promoting and Supporting Breast-Feeding. Am Fam Physician. 2000 Apr 1;61(7). p2093-2100.
※2 American Academy of Pediatrics Section on Breastfeeding: Breastfeeding and the Use of Human Milk. Pediatrics 2005 Feb; 115 (2) p496-506
※3 厚生労働省人口動態統計月報年計の概況

Q4 母乳は腹持ちが悪いって本当？

「母乳は消化にいいから、赤ちゃんがすぐにお腹をすかせて泣いてしまう」と、どこかで耳にしたことのある人は多いと思います。

じつは、これは本当のこと。胃に入ってからどのくらいの時間で半分に減るかという「胃内半減期」を調べた結果、母乳は47分、粉ミルクは65分だったそうです[※1]。胃の内容がゼロになった時点がいつかを調べた研究は見つからないのですが、粉ミルクに比べて母乳のほうが胃の中に長く留まっているとは考えにくいですね。

体感的にも粉ミルクより母乳のほうが頻繁に授乳しなくてはいけなくて、慣れるまでは大変に思えるかもしれません。でも、胃で消化し終えるまでの長さが何時間も違うわけではないし、赤ちゃんの胃が小さく吸う力も弱くて一度に飲める量が少ないうちは、母乳にしろ粉ミルクに

しろ腹持ちが悪く感じられるでしょう。そのうちに一度に多く飲めるようになっていき、どちらにしても自然と授乳間隔があいてきます。

夕方以降になると、母乳の出が悪くなるから、疲れているから、赤ちゃんにぐっすり眠ってほしいからという理由で、粉ミルクを足したい、足しているという人もいるでしょう。家事や育児、仕事で疲れ果てているのに夜中に何度も起こされるのでは大変ですから、疲れたときは粉ミルクや搾っておいた母乳を与えたり、ほかの家族に与えてもらったりするのもいいと思います。

ただし、およそ生後2か月までの赤ちゃんは16時〜翌2時頃までのあいだに覚醒しやすく、ヒトとの接触がないと泣きやすくなることが知られています。これは夜間、乳房を吸われることによって、お母さんの体内で母乳の分泌を促すプロラクチンというホルモンが増加しやすいためなので、粉ミルクをあげても寝てくれないということもあるかもしれません(※2)。夜、粉ミルクを足すときも、スキンシップをとるようにしたり、少しだけ母乳も吸わせたりすると、赤ちゃんもぐっすり眠りやすくなりますし、母乳の分泌量も減りにくいのでいいのではないでしょうか。

また、「粉ミルクだと太りすぎませんか?」ということもよく聞かれます。確かに母乳栄養のほうが将来的に肥満になりにくいという論文があります(※3、4)。でも、否定的な研究結果もあり、じつは一定の結論が出ていません(※5)。

ただ、哺乳瓶から粉ミルクを飲むほうが、乳房から直接母乳を飲むよりもラクなので、早期に体重が増えやすいということは知られており、また母乳に含まれるアディポネクチンやレプチンがエネルギー代謝に関与するので、やはり母乳のほうが将来肥満しにくいのではないかと考える研究者が多いようです。

もしかしたら将来、まだ知られていない母乳中の生理活性物質が見つかったり、知られていなかった機能がわかったりして、はっきりするかもしれませんね。（森戸）

A

母乳の腹持ちがよくないのは本当だけど、それほど大きな差はありません。

※1　水野克己、水野紀子『母乳育児支援講座』南山堂 p134

※2　堀内勁『周産期医学』vol.42 増刊 2012 p433

※3　Arenz S et.al: Breast-feeding and childhood obesity--a systematic review. Int J Obes Relat Metab Disord. 2004 Oct; 28(10) p1247-1256

※4　Owen CG et. Al: Effect of infant feeding on the risk of obesity across the life course: a quantitative review of published evidence. Pediatrics. 2005 May; 115(5) p1367-77.

※5　Owen CG et.al: The effect of breastfeeding on mean body mass index throughout life: a quantitative review of published and unpublished observational evidence. Am J Clin Nutr. 2005 Dec;82(6) p1298-307

Q5 混合にすると母乳が出なくなる？

粉ミルクを与えようとしたところ、「母乳が出なくなるよ」と言われて怖くなったという人も多いようです。実際、粉ミルクを足して混合栄養にすると、母乳は出なくなるのでしょうか？このことを考えるために、まずは母乳ができるメカニズムを知っておきましょう。

お母さんの体内で母乳を作ったり、作る能力を維持したりするのに必要なホルモンは、プロラクチンとオキシトシンです。これらのホルモンは、乳首に刺激が加わることによって分泌されます。どういう刺激かというと、「吸啜《きゅうてつ》」といって赤ちゃんが乳首を口の奥までくわえ、舌の根と上あごでギュッギュッと締めつける刺激。手指や搾乳器でも、類似した刺激を与えることができます。

このプロラクチンの分泌ベースは、妊娠中に右肩上がりに増加し、出産を終えると急速に減少に転じ、もしも赤ちゃんに吸わせずに搾乳もしなければ、産後1週間で妊娠前と同じくらいに戻ります（※1）。すると当然、母乳の分泌量も少なくなってしまうのです。逆に、赤ちゃんが粉ミルクを飲んでいても、日常的に乳首への刺激が加えられていれば母乳は出続けます。

それなのに、なぜ混合にすると母乳が出なくなるといわれるかというと、粉ミルクでお腹がいっぱいになった赤ちゃんは、お母さんの乳首を吸う回数が減ってしまいがちだから。実際、粉ミルクをあげるようになって、母乳が出なくなったというお母さんは少なくありません。

もちろん、母乳育児をやめるのはいけないことではありませんが、まだ赤ちゃんが新生児や小さな乳児で、やり方によっては母乳をもっと増やせて、粉ミルクのほうを卒業できるという可能性がある場合にはもったいなく感じる人も多いでしょう。それに混合栄養をうまく行えば、お母さんも苦痛なく母乳育児を続けられる場合だってあります。

混合栄養を続けるためのコツは、赤ちゃんのお腹がへっている状態のときに乳房を吸ってもらってから粉ミルクを与えること。赤ちゃんがあまりにもお腹がへっていたり、機嫌が悪かったりして、乳房を吸うのをどうしても嫌がる場合は先に粉ミルクをあげてもかまいませんが、一回の授乳でできるだけ乳房も吸わせるようにします。搾乳してもいいでしょう。また、哺乳瓶選びにも気をつけてくださいね（52ページ参照）。（宋）

A

なるべく乳房も吸わせる、搾乳するようにすれば、混合でも母乳は出るはずです。

※1　水野克己、水野紀子『母乳育児支援講座』南山堂 p22

Q6 粉ミルクをあげたほうがいい場合って？

まず、お母さんが、ある種の感染症（HIVやHTLVなど）にかかっていたり、化学療法を受けていたりする場合は、母乳をあげられないので粉ミルクが必要です。感染症の種類によっては母乳をあげられるので、必ず産婦人科・小児科の医師に相談してみてくださいね。

また、赤ちゃん側に母乳を飲めない事情がある場合も、初めから粉ミルクを与えます。まれなことですが、例えば赤ちゃんに『ガラクトース血症』、『フェニルケトン尿症』、『メープルシロップ尿症』などの先天性代謝異常がある場合は、母乳も一般的な粉ミルクも飲めないため、治療用ミルクを与えることになるのです。

そして、早期新生児期（日齢7まで）に以下の条件にあてはまる場合は、将来の発達に影響することがあるので、粉ミルクを補ったほうがいいでしょう。

●体重が大幅に減少したとき

出生時よりも体重が7％以上減ったら、母乳が出ない場合は粉ミルク、母乳が出ているのに赤ちゃんがうまく飲めていない場合は搾った母乳を頻繁に与える必要があります。

まれに母乳以外のもの（粉ミルクや糖水、水）を与えないよう指導する病院もあるようですが、脱水や低血糖、さらに重い病気を誘発した事例もあるので危険です（88ページ参照）。赤ちゃんの健康が何よりも大切ですから、母乳だけでは体重が増えないようなら粉ミルクを足すようにしてください。

●低血糖がみられるとき

『低血糖』とは、血液中の糖が少ないこと。もともと赤ちゃんは、大人と違って体内に糖の蓄えが少なく、生後まもなくは脂肪やたんぱく質から糖を作る『糖新生』も間に合わないので、極端な低血糖になりやすいのです。例えば、赤ちゃんの体重が在胎週数に比べて小さい場合、お母さんが妊娠中に糖尿病で血糖値のコントロールがつかなかったり、薬を内服・点滴していた場合は、特に低血糖のリスクが高いので医師は血糖値を頻繁にチェックします。そのほか、赤ちゃんに仮死があったり、病気が疑われたりする場合も、まめなチェックがかかせません。粉ミルクを与えても血糖値が安定しない場合は、糖の点滴を行う場合もあります。低血糖は低血糖脳症を引き起こすことがあるので、生まれて数日は特に要注意です（89ページ参照）。

●新生児黄疸《おうだん》が強いとき

『新生児黄疸』とは、新生児に普通みられる黄疸のこと。

そもそも、お母さんのお腹の中にいるときの赤ちゃん（胎児）は、充分な酸素を確保するために大人よりも赤血球が多いもの。その中の赤い色素・ヘモグロビンが透けて皮膚が赤く見えるから「赤ちゃん」と呼ばれるわけです。そうして生まれてくると、肺が使えるようになって酸素の確保が容易になるので、胎内で使っていた胎児型ヘモグロビンは網内系細胞によって破壊されます。このときに赤血球の赤い色素・ヘモグロビンが、黄色い色素・ビルビリンに変化するため、新生児の皮膚は黄色くなるのです。だから、黄疸が出るのは自然なこと。

ただし授乳回数が少なかったり、赤ちゃんがうまく母乳を飲めなかったりして、黄疸が強く出るときには、搾乳した母乳や粉ミルクを与える必要があります。

そのほか、赤ちゃんが生まれて少し経ってからでも、以下のようなときは粉ミルクを一時的に使ったり、補ったりしたほうがいいでしょう。

●完全母乳の赤ちゃんで黄疸が続いているとき

普通、何も病気がなければ、新生児黄疸は生後3～4週間後には消失するもの。ところが、完全母乳の赤ちゃんでは病気でなくても、母乳中の酵素の働きによって生後2～3か月が経っても黄疸が続くことがあります。その場合、母乳による黄疸か、病気による黄疸かを見極めるために母乳を一時休止して粉ミルクに替えてもらい、数日後に赤ちゃんの血液検査をすることがあるのです。総ビルビリン値が下がっていれば黄疸は母乳中の酵素のせいと考えられるので、母乳栄養に戻して経過観察ということになります。ただし、院内で精密な検査ができるような病院では、母乳を休止しなくても大丈夫です。

また、1か月健診で体重増加が少ない場合、粉ミルクを補ったほうがいいこともあります。WHOは、日割り計算で1日に18g増えていれば母乳・粉ミルクは足りているとしていますが、これに届かないことがたまにあります。頻繁に授乳していても体重があまり増えず、診察所見で異常がなく元気で、先天性代謝異常のマススクリーニング検査の結果も正常だった場合、粉ミルクを足すことをすすめます。1週間後に体重が増えていれば、赤ちゃんに病気がないことを確認できるからです。飲む量を増やせば体重は増えるので、母乳だけで育てたいという方にはさらに授乳回数を増やして、また体重を測りに来てもらうようにします。一方、混合栄養でもこだわりがないという方には、そのまま粉ミルクを足してもらうこともあります。（森戸）

A

お母さんが感染症の場合、赤ちゃんに先天性異常、体重減少などがみられる場合は粉ミルクを！

Column 2

母乳育児に悩んだら

母乳について誰に相談するのがいいかは、意外と難しい問題です。

産婦人科医や小児科医は病気の専門家なので、一般的に母乳にはあまり詳しくありません。ただ、新生児について勉強した医師は頼りになりますから、質問する機会があれば聞いてみてください。

では、助産師や保健師はどうでしょう？　医学的根拠に基づいた指導をしてくれる人もいます。しかし、残念ながら「脂っこいものを食べると乳腺炎になるから、和食の粗食を食べるべき」など、根拠のないアドバイスばかりする人も少なくありません。見分けるのは難しいのですが、高圧的かつ断定的に母親を責めるようなことを言う人は、偏った情報しか持っていないのでやめようというのが、私の推奨する見分け方です。近くに母乳外来があれば受診してみて、信頼できそうかどうかを判断しましょう。

インターネットなら、WHO、厚生労働省、ラ・レーチェ・リーグなどの国際機関や政府機関、そういったところと連携しているNGOやNPOなどのサイトなら専門家が多数参加しているので、医学的に根拠のある情報が得られると思います。それ以外は本当に玉石混淆で、真偽を見分けるのが難しいでしょう。

本来はすべての助産師や保健師が正しい知識を持っているといいのですが、現状はそうではありません。本書を読んでも悩みが解消しない場合は、上記の中から合うところを探してみてくださいね。（森戸）

第2章
授乳の方法

Q1 妊娠中から母乳育児の準備をすべき？

赤ちゃんを産んだらスムーズに母乳が出るように、妊娠中からできることがあれば実践したいと思う人は多いでしょう。

でも、結論から言うと、妊娠中に母体は自然と母乳を出すための準備を始めますが、お母さんが意識的に何かの努力をすれば産後に母乳がよく出るというようなことはありません。

妊娠中にできることとして、よく「乳首をギュッとつまんで母乳が通りやすくしておくといい」「乳首をマッサージしておくと、柔らかくなって赤ちゃんがくわえやすくなる」「妊娠中から乳房をマッサージしておくと母乳がスムーズに出る」などという指導を受けたという声も聞きます。が、残念ながら、これらの方法には母乳育児がスムーズになるという根拠はありません。

A

母乳が出やすいかどうかには個人差があるし、妊娠中にできることは特にありません。

乳頭が乳輪に埋まった形になっている『陥没乳頭《かんぼつにゅうとう》』の場合は、乳頭を引き出すようにしてマッサージしておくとよいケースもありますが、産後は自然と乳首が少し出てくることが多いので、そのときにケアを始めれば十分です。

また、石けんで乳首をゴシゴシ洗うように指導されることもあるようですが、乳輪には『モントゴメリー腺』というものがあって、乳首と乳輪を保護するための皮脂を分泌しています。この皮脂の匂いは、赤ちゃんが乳房に吸いつくモチベーションになるともいわれていますし、石けんでゴシゴシ洗うと腺を傷めかねませんので強く洗わないようにしましょう。

ちなみに、「おっぱいが小さいから、母乳が出ないのでは」と心配する人も多いようですが、妊娠や授乳をしていないときの乳房のサイズの個人差は、ほとんどが脂肪組織によるものです。実際、胸が小さい人でも、産後には乳腺がむくむくと発達し、メロンくらいのサイズになることがありますし、母乳もありあまるほど出たりします。産後に母乳がよく出るかどうかは、妊娠前の胸のサイズとは関係ありませんから気にしないでくださいね。（宋）

Q2 母乳育児をスムーズに始めるには？

出産後、母乳育児をスムーズに始めるコツはあります。

前述のとおり、母乳を作るプロラクチンというホルモンは、出産を終えると劇的に減っていきます。産後は、乳首に刺激が加えられたときにプロラクチンが分泌されますが、産後24時間がプロラクチンの分泌を枯れさせないためのゴールデンタイム。プロラクチンの分泌量が下がりきらないようにするには、産後すぐから1日8回程度の授乳が必要とされています。

ただ、経腟分娩であろうと帝王切開であろうと、出産という大仕事を終えたばかりのお母さんたちは極度に疲れているので、ご自身の心がけだけで産後すぐ頻繁に授乳できるとは限りません。だから、産院のスタッフ（医師・助産師・看護師など）の体制や方針に大きく影響されると思います。

とはいえ、産科医不足が叫ばれて久しい昨今、地域によっては出産を受け入れてくれるところを探すだけでも難しいのが実情です。母子ともに安全な体制が整っているか、通院に時間がかからないか、どんな出産方法が可能かなど、さまざまな産院選びのポイントがある中で、産後の授乳指導の方針を最優先して産院を選ぶというのは、あまり現実的ではないでしょう。

それでも、もしも選ぶ余地があるなら、母子別室で「お母さんはゆっくり寝て、赤ちゃんは新生児室で粉ミルクを飲む」という産院よりは、母子同室で「お母さんがちょっと休んだら、赤ちゃんにおっぱいを頻繁に吸わせる」という方針の産院のほうが、母乳育児に有利です。

母乳育児に熱心かという産院の基準に『赤ちゃんにやさしい病院（ベビーフレンドホスピタル：ＢＦＨ）』というのがあります。１９８９年にユニセフとＷＨＯが世界のすべての産院に対して出した『母乳育児を成功させるための10か条』というものがあり、その10か条を守っている産院が『日本母乳の会』によってＢＦＨに認定されているのですが、日本には約70施設ほどしかありません。

『母乳育児を成功させるための10か条』は、理論からいうと母乳育児には有利になる10か条です。ただ、赤ちゃんへの優しさという視点に終始しているため、「赤ちゃんにやさしい病院」が必ずしも「お母さんに優しい」ということではなく、むしろ産後のお母さんには「スパルタ」と感じられることもあるでしょう。

産後の疲れた身体で、ゆっくり眠る時間もなく、赤ちゃんが泣くたびに起き上がって抱きあげ、授乳に適した姿勢をとって乳房を吸わせる……というのはかなりの負担ですよね。一方、同じように頻繁に授乳するとしても、お母さんは寝転がったまま、赤ちゃんが泣いたら産院のスタッフの手で抱き枕や授乳クッションなどを使って授乳姿勢を整えてくれるというサポートがあれば、負担は軽減されるだろうと思います。

『母乳育児を成功させるための10か条』

1. 母乳育児の方針を全ての医療に関わっている人に、常に知らせること
2. 全ての医療従事者に母乳育児をするために必要な知識と技術を教えること
3. 全ての妊婦に母乳育児の良い点とその方法をよく知らせること
4. 母親が分娩後30分以内に母乳を飲ませられるように援助すること
5. 母親に授乳の指導を十分にし、もし赤ちゃんから離れることがあっても母乳の分泌を維持する方法を教えること
6. 医学的な必要がないのに母乳以外のもの、水分、糖水、人工乳を与えないこと
7. 母子同室にする。赤ちゃんと母親が一日中24時間、一緒にいられるようにすること
8. 赤ちゃんがほしがるときに、ほしがるままの授乳をすすめること
9. 母乳を飲んでいる赤ちゃんにゴムの乳首やおしゃぶりを与えないこと
10. 母乳育児のための支援グループ作りを援助し、退院する母親にこのようなグループを紹介すること

ユニセフ・WHOによる共同声明

特に帝王切開などで母体が大きな負担を負い、産後に思うように動けない場合、スタッフがどれだけ親身に母乳育児をサポートしてくれるかが、非常に大きな鍵となるはずです。出産当日からスタッフが赤ちゃんをまめにお母さんの乳房のところまで連れてきてくれれば、帝王切開でも母乳育児にハンデはなくなります。

スタッフ数に余裕がない施設、「母親は自立すべき」という考え方の施設では、そういったサポートは難しいかもしれませんが、「赤ちゃんにだけ優しい産院」なのか「赤ちゃんにもお母さんにも優しい産院」なのかは大きな違いですので、施設を選ぶ目安にしてください。

ただ、母乳育児推進の産院では、赤ちゃんの体重が減少しても、なかなか粉ミルクや糖水が与えられないこともあるようです。母乳が十分に出なくて赤ちゃんの体重が減ってきた場合、授乳がつらい場合は、どういう対応をしてもらえるかを聞いておくと安心かもしれません。

どんな産院を選ぶとしても、母乳育児を希望する場合は「バースプラン」に産後すぐに授乳を開始したいこと、手助けをお願いしたいということを書いておくという方法もあります。

また、俗にいうカンガルーケア（『早期母子接触：STS』）が可能なら希望するのもいいかもしれません。カンガルーケアとは、出産後すぐに赤ちゃんをお母さんの胸において、皮膚と皮膚を直接触れ合わせるというもの。生まれたばかりの赤ちゃんは呼吸や血の巡りが不安定で、お母さんは弛緩出血などの急変のリスクがあるため、医療スタッフが両者を慎重に観察しながら行う必要がありますが、これを行うことで産後1～4か月の母乳育児率が上がるというデー多があります（※1）。

それでも、母乳が出にくい体質だったり、産後の体調が悪かったりして、理想どおりにいかないこともあるかもしれません。だから、次のことは覚えておいてほしいと思います。

まず、お母さんは「母乳をあげるマシーン」ではありません。「完全母乳で育てるために、ここまでがんばろう」と思うラインは、一人ひとり違って当然です。赤ちゃんを愛しいと思う気持ち、優しく笑いかけられる余裕も大切ですから、「母乳が絶対」と思うあまりに、精神的に消耗しないようにしましょう。睡眠をとることでもプロラクチンが分泌されますから、ときどきは息抜きをするのもおすすめです。

もうひとつ、世界にはいろいろな衛生・栄養事情の国がありますが、日本は清潔な水と質のよい粉ミルクを手に入れられる国なので、粉ミルクがダメというわけではないことも知っておいてくださいね。（宋）

A 産後すぐから1日8回程度の授乳をすると、スムーズに始められます！

※1　Moore ER., et al. : Early skin-to-skin contact for mothers and their healthy newborn infants. Cochrane Database Syst Rev. 5. 2012: CD003519.

Q3 1日何回、どのタイミングで授乳したらいい？

退院後、自宅へ戻ったときに「いつ授乳すればいいの？」と迷う人もいると思います。

産院によっては、赤ちゃんがほしがるたびに乳房を吸わせるところもありますが、授乳時間は何時というふうに決められていて、お母さんたちが授乳室で一斉に授乳するというスタイルのところもありますね。

初めは「3時間おき」と指導されることも多いようですが、赤ちゃんによってはもっと早いタイミングで泣く子もいれば、放っておくと長いあいだ寝ている子もいます。そんなときは、次の授乳時間になるまで放っておいたほうがいいのでしょうか？　それとも授乳時間になっても寝ている赤ちゃんは、起こしてあげたほうがいいのでしょうか？

授乳は、母乳でも粉ミルクでも、赤ちゃんがほしがるときにほしがるだけあげる「自律哺乳」が基本です（※1）。「母乳はいつでもあげていいけれど、粉ミルクは次の授乳までに3時間あけないといけない」という説があるようですが、それは正しくありません。

ちなみに「ほしがるとき」というのは必ずしも泣いたときではなく、その前におっぱいがほしいというサインを出すこともあります。乳房を探すような仕草をしたり、手を口に持っていったり、伸びをしたり、動きが増えたりすることは、泣くより一段階前の「お腹がすいた」というサイン。赤ちゃんがそういう状態になったら、授乳するというのもひとつの方法です。

赤ちゃんによっては、早いうちからまとまって寝る子もいます。産院を退院する頃には赤ちゃんの全身状態は落ち着いてきますから、たまに5〜6時間ほど眠ってしまって泣かないこともあるでしょう。そういう場合は寝かしておいてOK。満期産より早い37週以前に生まれたとか、在胎週数に比べて体重が小さく生まれたなどの理由がなければ、きっちり3時間おきに授乳をする必要はありません。

ただ、寝ていても乳首をそっと近づけると吸ってくれる場合もあります。乳房がキンキンに張って痛い場合や乳腺炎になってしまいそうなときは、赤ちゃんを寝かせたままの授乳を試してみてもいいでしょう。搾乳しておくという手もあります。

逆に、どれだけ頻繁に授乳しても赤ちゃんがすぐに泣いて起きてしまう場合、いつも乳首に30分以上吸い付いて離そうとしない場合は、母乳が足りてない可能性がありますから92ページを参考にしてみてください。

まとめると、以上のように授乳は「赤ちゃんがほしがるときに、ほしがるだけ」が基本。ただ、授乳回数は先にも述べたとおり、最初は母乳育児を軌道にのせるために1日8回程度を目安にするといいと思います。1回の授乳時間は赤ちゃんが自分から口を離すまでと考えればいいのですが、母乳は飲み始めの「前乳」では脂肪が少なく、後半の「後乳」では脂肪や脂溶性ビタミンが多くなるものなので、片方のおっぱいがカラになったと感じるまであげて続けてから、もう一方のおっぱいをあげたほうが体重増加のためにもいいでしょう。

赤ちゃんが小さなうちは片方だけで満足したり、疲れて眠ったりしてしまうこともあるかもしれません。その場合、反対側は搾乳しておくか、次の授乳時に反対側から飲ませるようにしてくださいね。（宋）

A

最初は1日8回程度を目安に、赤ちゃんがほしがるときにほしがるだけ授乳して！

※1　関和男『周産期医学』2009 vol.39増刊号 p624

Q4 どういう姿勢で授乳すればいいか教えて！

生まれたばかりの赤ちゃんは、首も腰も座ってなくて、ふにゃふにゃです。だから、初めのうちは抱っこをするのもおっかなびっくりで、授乳するときはお母さんのほうが無理な姿勢をとって赤ちゃんの口もとに乳首を持っていく……ということになってしまいがち。

さらには「赤ちゃんの目を見ながら授乳しましょう」「赤ちゃんの鼻の穴が、乳房でふさがれていないか常に確認しましょう」などと授乳中の赤ちゃんを観察するよう指導され、それを守ろうと思うあまりに、どんどん前かがみになって、赤ちゃんの首を支える手首はプルプル、両肩はガッチガチなんてこともよくあります。

でも、授乳の基本は、お母さんがラクな姿勢で行うこと。産後の母体は、出産によるダメージを負っています。いくらがんばり屋のお母さんでも、1日に何度も苦痛な姿勢で授乳すると、授乳の時間を「楽しい」「幸せ」などとは思えなくなってしまいます。ですから、お母さんの身体に負担のかからない姿勢が一番。その中で、赤ちゃんがおっぱいを飲みやすくなるように工夫しましょう。

そもそも、赤ちゃんは乳首を深くくわえ、舌の付け根の部分で乳首をキュッキュと押すことで、母乳を絞り出して飲みます。飲み方には一定のリズムがあり、何回か強く吸ったら休憩し、また何回かグッグッと吸うことを繰り返しています。つまり、赤ちゃんがおっぱいを飲みやすいようにするには、乳首をくわえやすい姿勢をとり（ポジショニング）、しっかり吸い付かせること（ラッチ・オン）が重要です。

〈ポジショニング（姿勢）〉

お母さんが前かがみの姿勢だと、赤ちゃんにとっては上方向から乳首が降りてくることになるので、深くくわえられません。赤ちゃんが自分で乳首をくわえようとする力を発揮しやすいようにするには、どちらかというとお母さんが上体を起こし（もしくは後ろにもたれかかり）、乳首を上（赤ちゃんの上あごの方向）に向けた姿勢のほうが適しています。いつも同じ姿勢だと腰に負担がかかるので、次ページを参考にしながら何パターンかをローテーションするのがいいでしょう。

また、赤ちゃんの高さを調整したり、お母さんが腕を休ませたりもたれたりするために、クッションを使ったほうがいいと思います。家にあるものを利用してもいいですが、綿や羽毛が入っているものよりは、形を自由に変えられるビーズが入っているもののほうが、身体にフィットするので使いやすいでしょう。ただし、よく市販されているそら豆型の授乳クッションは意外に使いづらく、長くて変形可能な抱き枕のほうが使いやすいと思います。

ポジショニングとラッチ・オン

代表的なポジショニングと、正しいラッチ・オンを図解します。いずれの場合でも、まずお母さんがラクな姿勢をとることがポイント。座っているときは、背中にクッションや抱き枕を挟んでもたれかかり、重心を後ろにするといいでしょう。そして、赤ちゃんの身体がお母さんの胸に少しもたれかかるようにするとラクですし、赤ちゃんも安定します。また、赤ちゃんの顔と身体の正面が同じ方向をむくようにしてくださいね。

〈ポジショニング〉

横抱き

最も基本の授乳姿勢。飲ませる乳房側の腕を、赤ちゃんの背中からお尻へまわして抱っこします。赤ちゃんの首の後ろが、お母さんの肘の内側に乗るようにすると飲ませやすいでしょう。

哺乳瓶の場合

粉ミルクや搾乳した母乳を哺乳瓶で与えるときも、横抱きが基本。赤ちゃんの上体を少し起こし、哺乳瓶が赤ちゃんの口に90度になるようにします。

脇抱き

飲ませる乳房側の脇で赤ちゃんを軽くはさみ、腕全体で支えます。反対側の手で乳房を支えて飲ませましょう。小さく生まれた赤ちゃんでも飲みやすい姿勢です。

抱き枕がおすすめ!

どの姿勢でも、抱き枕を使うとラクです。特におすすめは、エムシーピーという会社の『ハッピーピロー』。超極小のマイクロビーズが姿勢をサポートしてくれます。

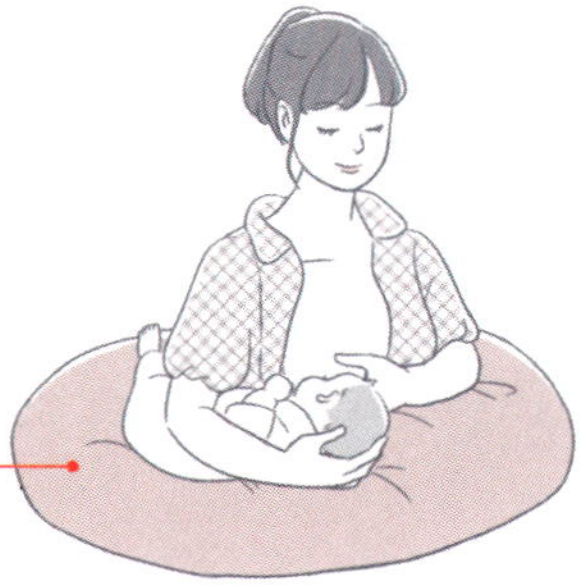

交差横抱き

飲ませる乳房と反対側の腕全体で赤ちゃんの背中からお尻を支え、手で頭と首を支えます。反対側の手は、飲ませる乳房の下側にあてるようにして支えてください。

レイバック式

大きめのクッションやソファーにもたれ、赤ちゃんをお腹の上に乗せて授乳します。赤ちゃんのお尻を膝か手で支えましょう。腰に負担が少なく、とてもラクな姿勢です。

添え乳

横になったまま、乳首と赤ちゃんの口の位置を合わせます。赤ちゃんの身体が乳房のほうを向くように、赤ちゃんの背中の後ろに丸めたタオルやクッションを置くとラクです。

〈ラッチ・オン〉

赤ちゃんの下あごが乳房にふれ、大きさにもよりますが乳輪がほとんど隠れるほど大きく口を開けている状態が適切です。乳首だけを口に入れた状態だと、赤ちゃんがうまく吸えないばかりか、お母さんの乳首が傷つきますから確認してみましょう。

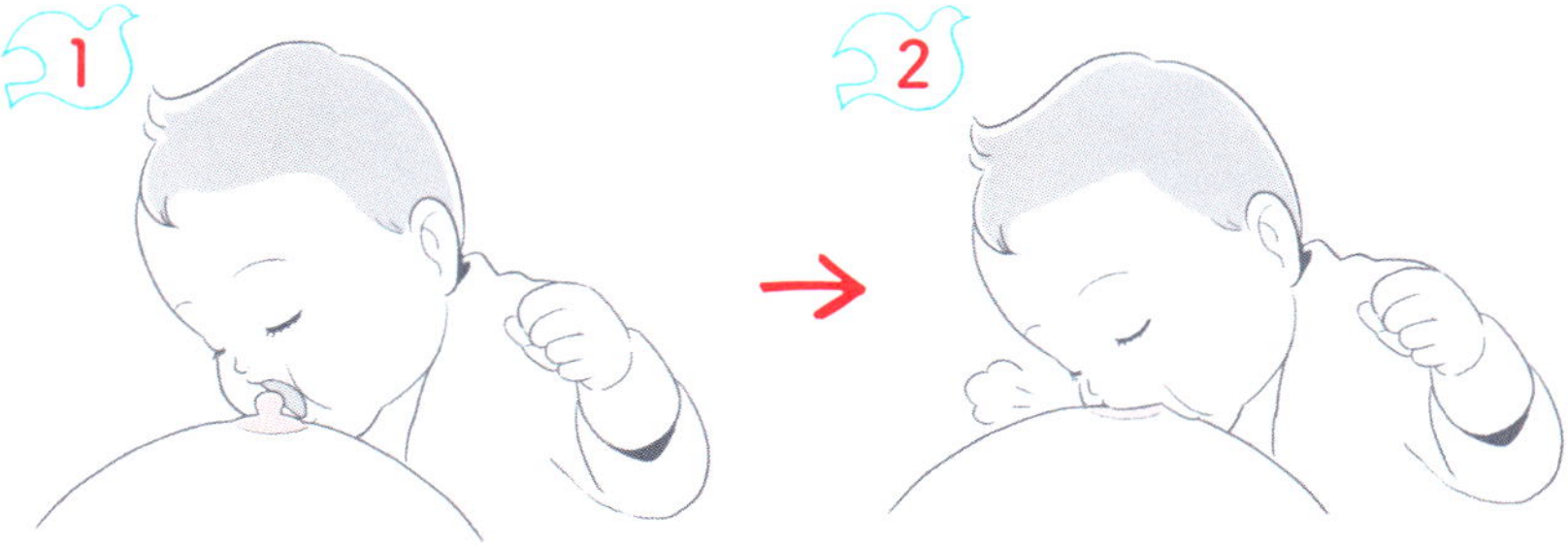

A

お母さんがラクで、赤ちゃんがしっかり乳首をくわえられる姿勢が適切です。

〈ラッチ・オン（吸い付かせ方）〉

赤ちゃんが乳首をしっかり奥までくわえられているか、以下の3点をチェックしましょう。

①赤ちゃんが大きく口をあけている
②赤ちゃんの下あごが乳房に触れている
③赤ちゃんの下唇が少し外側にめくれるように開いている

お母さんの乳輪の大きさにもよりますが、奥までくわえられているときは、乳輪がほとんど見えない状態になります。そして、お母さんが乳首に痛みを感じることはありません。

一方、逆に赤ちゃんが乳首の先しかくわえていない場合や、奥までくわえてはいるけれど口の中で乳首が折れ曲がっているなどして舌にフィットしていない場合には、赤ちゃんがうまく吸うことができません。そのため、母乳を飲み込む音ではなく、口の中に空気が入っている音（チュッチュッというような音）がします。お母さんの乳首に水泡ができるなどのトラブルの原因にもなりますから、よく確認しましょう。（宋）

Q5 搾った母乳をあげてもいい？

できれば直接母乳を飲ませたほうがラクだし、赤ちゃんも早くうまく飲みとれるようになりますが、母乳育児を順調に続けるためには、搾乳したほうがいい場面も出てきます。

産後すぐなら、例えばお母さんが帝王切開などで動けなくて直接母乳をあげられない場合や赤ちゃんがＮＩＣＵ（新生児集中治療室）に入ってしまった場合、赤ちゃんに口唇《こうしん》口蓋裂《こうがいれつ》などがあっておっぱいをうまく吸えない場合などです。

それ以降でも、母乳の分泌量を保つためには、赤ちゃんが乳房に溜まった母乳を全部飲みきってくれなかったとき、片側の乳房から飲んだだけでお腹いっぱいになってしまったようなときは、搾乳しておいたほうがいいと思います。乳房に残った母乳は、新しい母乳を作るのを抑制してしまうので、全部出してしまったほうがいいのです。乳腺炎の予防にもなります。

また、職場に復帰しても母乳をあげ続けたいという人にとっても搾乳は重要です。仕事中にときどき搾乳することで、母乳の分泌を保つことができるだけでなく、乳房がカチカチに張って不快に感じたり、母乳が染み出して洋服を汚したりすることも防げます。

搾乳には、手で行う方法と搾乳器を使う方法があり、搾乳器には手動と電動があります。

搾乳のコツ

一度にたくさん絞ろうとせず、あまり出ないようなら何度かこまめに絞るようにしましょう。正しい搾乳方法なら痛くないはずなので、痛い場合はやり方を再確認してくださいね。ちなみに搾乳するときは、事前に乳房をホットタオルなどで温めると血流がよくなり、赤ちゃんの写真や動画を見ながら絞るとオキシトシンが分泌されて、出がよくなるといわれています。

〈手で搾乳する方法〉

❶手をきれいに洗っておきます。乳頭の消毒は、自然な皮脂を取り去ってしまい痛みの原因になるので行いません。快適な姿勢をとり、片手でコップなどの清潔な容器を乳首の下にもっていきます。
❷親指を乳首の上側、人差し指が下側になるように、乳頭からそれぞれ2cmくらい離れたところにそえましょう。
❸指に力を入れ、乳輪の下にある乳管の部分を1〜2cmほど圧迫して搾乳します。いきなり大量には出ませんから、力を入れたり緩めたりを繰り返してください。
❹指の位置を変えたり、角度を変えたりしてまんべんなく圧迫します。乳首をつねったり、皮膚をこすったりしないように注意しましょう。
❺母乳が出てくるまで数分かかる場合もあります。初めはポタポタでも、射乳反射が起きるとしぶきのように出てきます。片方が終わったら、もう片方も同じようにします。全部で30分以内くらいが目安です。

〈搾乳器を使う方法〉

❶手をきれいに洗っておき、清潔な搾乳器のカップを乳房にあて、空気が入らないようぴったり密着させます。
❷最初は、乳房に負担をかけすぎないよう、一番弱い吸引圧から始めます。母乳がスムーズに出てきたら、徐々に強くしてもOK。手動の場合も同じです。
❸片方ずつのタイプなら、出にくくなったところでもう片方に変えましょう。全部で30分以内くらいが目安です。

※大山牧子『母乳育児スタンダード 第2版』日本ラクテーション・コンサルタント協会編 医学書院 2015p233-234 参考

A

搾った母乳をあげてもかまいませんが、乳房や乳頭を傷つけないよう気をつけて。

手による搾乳は、道具がいらないところが利点ですが、利き手で搾りながら、反対側の手に容器を持って搾った母乳を受けなければいけないため、どうしても猫背になりがちで、たくさん搾ると肩が凝ってしまいます。

たびたび搾乳するようなら、やはり搾乳器を使うのがおすすめです。国内で手に入る2大メーカーは、ピジョンとメデラ。いずれも手動と電動の両方を販売していて、分解して消毒することができるなど、使いやすい構造になっています。

ピジョンの電動搾乳器はコンパクトで持ち運びしやすいので、仕事中でも職場の化粧室などで短時間に搾乳することができて便利。一方、メデラの両乳房から同時に搾乳できる電動搾乳機は、大型で高価なのでレンタルが前提となりますが、とても高性能です。両方の乳頭を同時に刺激することで、母乳を作るプロラクチンというホルモンが片側だけを刺激するよりもたくさん出ますから、母乳不足に悩んでいる人には力強い味方となるでしょう。搾乳器をうまく使って、らくちんな母乳育児をしてくださいね。（宋）

Q6 搾った母乳は、どのくらい保存できる？

母乳を搾ったとき、すぐ赤ちゃんに飲ませるのなら問題ありませんが、赤ちゃんが寝てしまった場合、仕事中に搾乳して家に持ち帰る場合などは保存しておく必要があります。

搾乳器を使う場合は消毒しておき、搾乳する前に手洗いを徹底し（乳房を拭く必要はありません）、使い捨ての母乳パックに移し替えて密閉するなどして衛生面に気を配れば、割と長く保存できます。

涼しい季節なら約4〜6時間は室温でも大丈夫ですが、それよりも長く保存しておく場合や暑い季節は、冷蔵庫に入れましょう。搾乳してすぐ冷蔵すれば3日間は安全に保存できます。それ以上長く保存したい場合は、すぐ冷凍庫に入れてください。冷凍なら3〜6か月ほど保存することができます。そして、一度解凍したら、24時間以内に使いましょう。もしも残ってしまったら捨てるようにしてください。

なお、母乳パックには、必ず搾乳した日付を書いておくようにしましょう。赤ちゃんが一回に飲む量に合わせて小分けにしておくと、搾った母乳を無駄にしなくてすみます。また、冷蔵・冷凍のいずれにしても、搾乳した母乳を持って移動するときは、保冷剤を入れたクーラーボックス（保冷バッグ）に入れて寄り道をしないようにしてくださいね。

　こうして母乳をストックしておけば、父親や祖父母など、母親以外の人でも授乳できます。お母さんが疲れていて夜ぐっすり眠りたいとき、用事で赤ちゃんと離れるとき、授乳できない薬を飲むときなども、母乳をあげ続けることができますから、母乳育児の力強い味方になるでしょう。

　気をつけたいのは、冷凍母乳を解凍するときの方法です。つい電子レンジでチンしたり、熱湯で湯煎したりしてすみやかに温めたくなってしまいますが、それはNG。母乳に含まれる免疫グロブリンなどの成分が壊れてしまいます。母乳を解凍して温めるときは、ぬるめの湯煎にかけましょう。お湯の温度を体温（40度）以下に保つようにすると、母乳の成分を壊さずにすみます。私は、お風呂（湯船）につけて解凍していましたが、とてもラクでした。

　ちなみに、解凍してから少し時間が経つと脂肪分が分離してしまうので、そういうときは攪拌してから与えてくださいね。（宋）

A

正しく清潔に扱えば、冷蔵で3日、冷凍で3〜6か月は保存できます。

Q7 哺乳瓶はよくないと聞いたのですが……

搾乳した母乳や粉ミルクをあげるとき、一般的に使われているのは哺乳瓶ですから、もちろん使っても大丈夫です。多数のメーカーごとにさまざまなタイプの哺乳瓶を出していますし、人工乳首は月齢ごとに変えられますから、比較検討してみてくださいね。

ただし、哺乳瓶を使うと、少し吸えばたくさん飲めるため、人工乳首とお母さんの乳首の感触が違うため、直接母乳を飲むのを嫌がるようになる赤ちゃんもいるようです。これを「乳頭混乱」と言います（82ページ参照）。対策としては、まず赤ちゃんが直接母乳を飲むことに慣れるまでの数か月は、できるだけ直接飲ませるというのがおすすめです。そのほか、毎回の授乳で母乳を直接飲ませてから哺乳瓶を使うようにしたり、できるだけ穴が小さめで出にくい哺乳瓶を使って授乳したりするといいでしょう。実際、哺乳瓶によって、赤ちゃんが吸

ったときの出方にかなり差があります。また、哺乳瓶の乳首の素材もさまざまなので、比較してみてください。

そのほか、哺乳瓶に慣れて母乳を直接飲まないということにならないように、コップやスプーン、おちょこなどを使って授乳する方法もあります。赤ちゃんを仰向けに抱いて、緩やかに背中を起こした体勢にし、手で触ってこぼさないよう肩から下をタオルで覆うなどして、母乳や粉ミルクを入れたコップやスプーンを下唇にあててすすらせてあげるというもの。

ただし、あくまでも赤ちゃん本人にすすらせてあげるのであって、喉に流し込むのではありません。流し込むようにして飲ませると、赤ちゃんがむせてしまって大変危険です。初めは医療スタッフの指導のもとに行なったほうが安全ですから、あまり無理してこだわらなくてもいいのではないでしょうか。

実際、なんらかの理由でお母さんと赤ちゃんが離れ離れになった場合など、哺乳瓶で全く飲めないほうが困る場面もあります。あるＢＦＨのＮＩＣＵに勤務する看護師によれば、直接母乳を飲むことしかなかった赤ちゃんが入院することになった場合に、哺乳瓶から粉ミルクや母乳を飲むことを拒否して困るケースがあるとのこと。つまり、直接母乳を吸わせること以外の方法で栄養が摂れないと、赤ちゃんの健康に関わる場合もあるわけです。だから、あまり直接母乳にこだわりすぎなくてもいいんですよ。

ちなみに、母乳や粉ミルクは雑菌繁殖の温床になるため、哺乳瓶は清潔を心がけることが大切です。哺乳瓶の消毒方法には、哺乳瓶や乳首など全パーツを分解し、90度以上のお湯に5分間つける方法、哺乳瓶消毒用の薬剤を溶かした水につける方法、電子レンジでスチームする方法があります。ただ、台所用洗剤と洗浄用ブラシでも同様に病原菌を除去できるという論文もあり（※1）、アメリカ小児科学会でも洗浄後の消毒をすすめているのは一部の専門家だけです。

可能な環境であれば生後3〜4か月までは消毒もしたほうが無難かもしれませんが、それ以降は赤ちゃんが身の回りのものを舐めるようになってくるので、哺乳瓶だけ消毒しても意味がありません。食器と同様に洗って乾かせば大丈夫です。

なお、赤ちゃんが小さいうちは、お母さんやお父さんが持って授乳しやすい哺乳瓶がいいですが、少し大きくなって自分で持つようになれば小さな手になじみやすいタイプに変えるといいかもしれませんね。（宋）

A もちろん哺乳瓶を使っていいのですが、乳頭混乱を起こさないよう注意して！

※1　吉留厚子他『チャイルドヘルス』2008 vol.11 no.1 p32-35

Q8 粉ミルクの上手な作り方、あげ方は？

完ミや混合で育てる人だけでなく、完母で育てたいと思っている人でも、なんらかの理由で赤ちゃんに粉ミルクをあげる機会があるかもしれません。しかし、どのようなタイミングで、どのくらいの量を赤ちゃんにあげればいいのか、そもそも粉ミルクをどのように作ればいいのか、誰にもちゃんと教わったことがないという人も多いのではないでしょうか。

『BFH』こと『赤ちゃんにやさしい病院』では、「人工乳の会社に調乳指導（粉ミルクの作り方の指導）を委託しない」という決まりがありますが、粉ミルクの上手な作り方、足し方は急に必要になることもあるので知っておいて損がないのは明らかです。

ところが、「専門家のお墨付きがある粉ミルクの足し方」「科学的根拠がある粉ミルクの足し方」というのはありません。「人工乳の会社がすすめるミルクの足し方だと多すぎて、母乳が止まってしまう。粉ミルクで育児をせざるを得なくなる足し方だ」「儲け主義だ」と陰謀論めいて言う人もいます。が、私が実際に会った人工乳の会社の人たちは、そのように言われることを大変気にしていて逆に萎縮されているようでした。

そこで、中立な立場から、上手な作り方、あげ方を考えてみます。

●粉ミルクの作り方

まず、手を洗って、清潔な哺乳瓶を用意しましょう。粉ミルクの容器に書かれている粉ミルクとお湯の割合は、正確に守ってください。勝手に濃くしたり薄くしたりしてはいけません。お湯は一度沸騰させたものを使い、調乳する際は70度以上を保ちましょう。粉ミルクの製造過程で混入することがある『サカザキ菌』、製造過程での混入はあまりないけれど開封後に混入する可能性のある『サルモネラ菌』といった細菌を殺すためには、70度以上のお湯で調乳する必要があるからです。哺乳瓶に粉ミルクを入れ、お湯を加えたあと、蓋をして軽く振って混ぜ、流水や冷却水で冷ましてください。作ってから室温で2時間以上が経過した粉ミルクは、細菌が急激に繁殖することがあるので破棄しましょう。

●粉ミルクのあげ方

〈完ミの場合〉

基本的には粉ミルク容器に書いてある分量、回数にしましょう。ただ、書いてある月齢ごとの分量や回数は目安ですから、それでは多すぎる、あるいは足りないという赤ちゃんもいます。例えば、メーカーは生後半月で標準体重3・2kg、生後半月～2か月で標準体重3・8kgの場合の標準調乳量として、それぞれ80㎖を7～8回、120㎖を6～7回などとしているそう(※1)。出生体重や在胎週数は、それぞれ違いますから、在胎37週に出生体重2500gで生まれた場合と、40週に3000gで生まれた場合では、体重が3・2kgになる時期が違いますよね。
つまり、小さく生まれた子ほど目安で示された量では多く、大きく生まれた子ほど足りないのです。だから目安は目安として、赤ちゃんの顔を見ましょう。赤ちゃんが満足する分量と回数、間隔が適正です。

〈混合の場合〉

母乳の分泌量を減らさずに粉ミルクを足すためには、母乳を吸わせる回数を減らさないことが大切です。直接母乳を一回やめて粉ミルク授乳に置き換えるのではなく、常にできるだけ直接母乳を吸わせたあとに粉ミルクを与えましょう（ときどき、搾乳した母乳ですませるという方法はありだと思います）。分量の目安は、やはり赤ちゃんが満足する程度が適正です。

また、前述のように哺乳瓶の乳首の穴が大きすぎると、母乳を直接飲まなくなることがありますから気をつけましょう。（宋）

A

作り方では温度と清潔に気をつけて。あげ方は完ミか混合かで変えましょう。

※1　関和男『周産期医学』2009 vol. 39増刊 p624-625

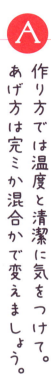

Column 3

BFHの問題点とは

母乳指導に熱心で「赤ちゃんにやさしい病院」であるBFH。母乳育児支援の中心的存在であり、「絶対に母乳で育てたい」という人にとってはよいものです。

しかし、私は産婦人科医としても母としても、産院はお母さんにも優しくあってほしいと願います。母乳育児についての価値観は人それぞれ。母乳が出るメカニズムを考えれば、産後すぐ頻繁に吸わせたほうが有利なのは確かですが、体力回復のために産後はゆっくりしたい、母乳は出たらあげたいというお母さんがいれば、ぜひ個人の意向を尊重してほしいと思います。

BFHの認定基準は公にされていませんが、関係者によれば完全母乳率などの基準もあるそうです。となると、それぞれの母親の意向に沿っていては認定されません。大きな周産期センターなら合併症などで病院の選択肢がない人も少なくないのですが、そこで産んだら完全母乳を目指してがんばらざるを得ません。これが別名「母乳スパルタ病院」と言われるゆえん。

「母乳のよさを知れば、完全母乳で育てたいと思うはず」という考えの医療従事者をたくさん知っていますが、それは「家族の大切さを知れば、誰だって子どもを産みたいと思うはず」と同じくらい主観的な考え方でしょう。

せめて産後すぐ頻繁に授乳をする際、母親は寝転んだままで、母子ともに適した授乳姿勢がとれるようスタッフが動いてくれれば、母乳育児のハードルはずいぶん下がるのではないかと思います。(宋)

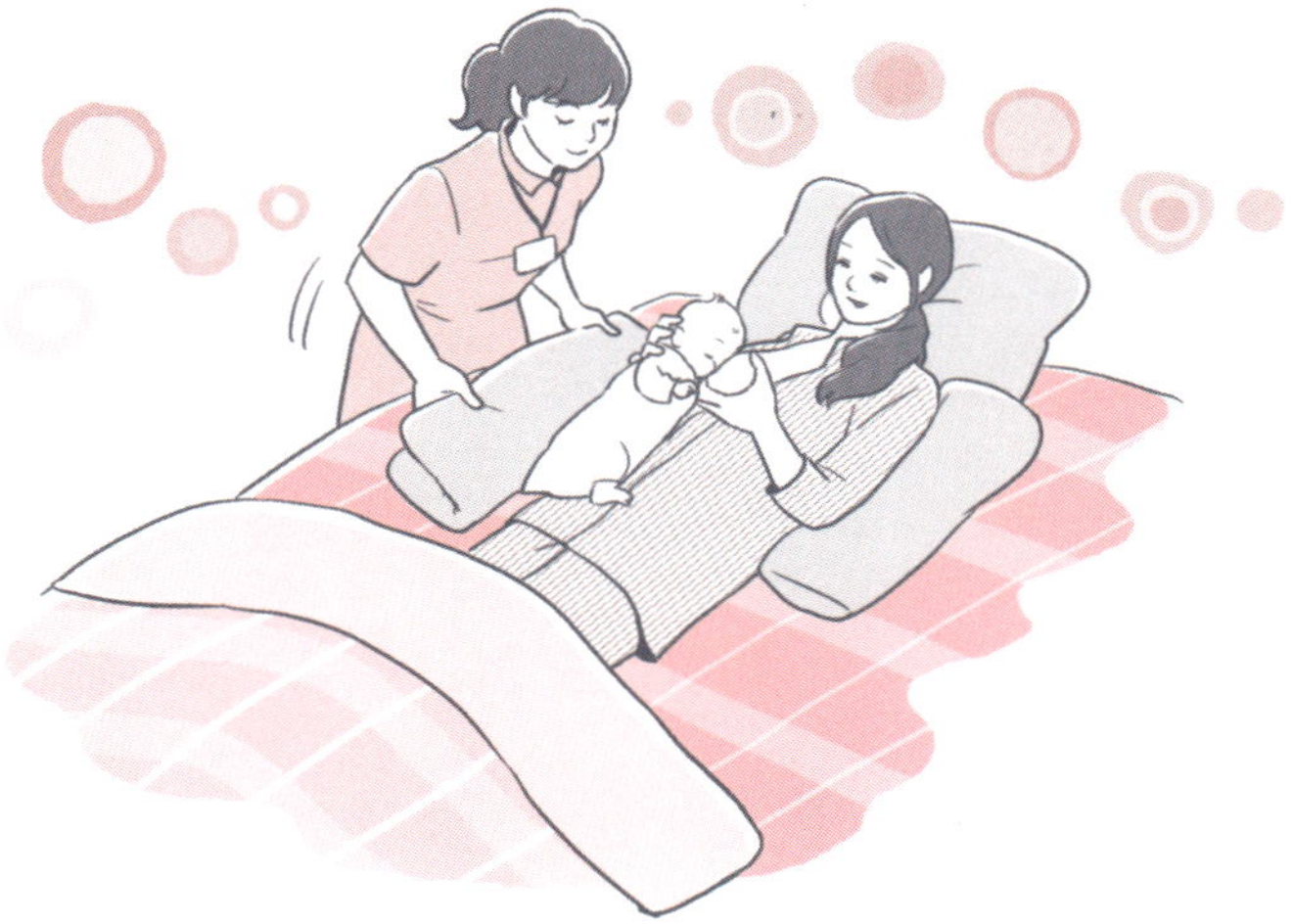

第3章
授乳のトラブル

Q1 母乳育児がつらすぎてやめたいです

「もう母乳をやめたい」、じつは私もそう思ったことがあります。子どもが母乳をうまく飲めずに、でもお腹がすいているから大泣きしたときは粉ミルクでもいいなと思ったし、子どもがのけぞって吸い付かないときは自分を拒否されたような気がして心が折れました。

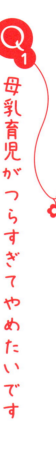

まずは、あなたがどうしてやめたいのか、その理由を考えてみましょう。『母乳育児スタンダード』という本では、直接授乳を困難にする要素を以下の①〜⑤のように分類しています（産科退院後にかかわるもの）(※1)。それぞれについて詳しく解説していきます。

①母乳育児を阻害するような慣習

「1回の授乳は左右5〜10分ずつ」「次の授乳まで3時間あける」などといった窮屈なルールがあると、母乳育児がつらくなることがあります。そういう指導をする医療機関もあるようですが、あくまでも目安です。大人が時計を見て決めるよりも、赤ちゃんをよく見ましょう。ほしがったときに、満足するまであげてください。そうすると、ペースがつかめてラクになるかもしれません。また、乳房が特別に汚れたり、乳頭が傷ついたりしていなければ、拭いたり軟膏を塗ったりする必要はありません。

そして、授乳中の服の制限がつらい場合もあるようです。特に授乳用の服を着なくても、乳房をきつく圧迫しなければ、好きな服を着てかまいません。そのほかの制限（食事、嗜好品、服薬）がつらい場合は、ダメなものばかりではありませんから、第3章のQ3、5、6（68ページ〜）を読んでみてくださいね。

②不適切なポジショニングとラッチ・オン

ポジショニング（姿勢）やラッチ・オン（吸い付かせ方）がうまくいかないと、スムーズに授乳できなかったり、体勢がきつかったりしてつらくなりがちです。第2章のQ3（42ページ）を参考にしてもらうと解消するかもしれません。

「ずっと縦抱きでないと、赤ちゃんの背骨が曲がって免疫力が落ちる」などと授乳姿勢を制限する言説を耳にすることがありますが、根拠のないウワサです。母子ともにリラックスできる姿勢で授乳しましょう。

夜中の授乳がつらい場合は、添え乳をしてみるのもいいでしょう。いわゆる添え乳、同じ布団やベッドで赤ちゃんと一緒に横になり授乳をする方法は危険だと言われてきました。しかし、ソファーでの添え乳、飲酒、薬の内服、喫煙した上での添え乳、お子さんが早産だった場合の添え乳でなければ、乳児突然死症候群のリスクにはならないという研究結果があります（※2）。

③乳頭・乳輪の形態および伸展性

授乳を始めてすぐの頃は、乳頭の伸びが悪くて、赤ちゃんがうまくくわえられないために、泣かれてつらい思いをすることがあります。授乳を繰り返すうちに、乳頭が扁平または陥没している場合でも徐々に伸びてきますし、赤ちゃんのほうも口が大きくなったり、飲むのが上手になったりすることもあって、自然と問題が解決するケースが多いものです。前述の本には、繰り返し授乳することで、1～2週間で乳頭が柔軟に伸びるようになるとあります。ですから、授乳を始めたばかりであれば、慣れるまで続けてみてはどうでしょうか。また、乳房が張りすぎていると赤ちゃんが吸いづらいので、少し搾乳してから授乳するという方法もあります。

④哺乳できない、または哺乳を嫌がる児

赤ちゃんがうまく哺乳できなかったり、嫌がったりするのも、母乳育児がつらくなる原因のひとつでしょう。この場合は、第3章のQ7（82ページ）を参考にしてみてください。

⑤母親のネガティブな感情（緊張・悲嘆・自信喪失など）

なんらかの原因で、お母さんが緊張していたり不安が強かったりすると、本来はできることもできなくなってしまうことがあります。もしも寝不足や身体的な疲れがあったら、まずは休みましょう。搾乳しておいた母乳、もしくは粉ミルクを父親や祖父母に与えてもらうのもおすすめです。また、不安なことがあれば身近な人や保健師などに話す、出産後すぐでなければ一時保育などを利用してリフレッシュするのも手です。

⑥児の口腔の形態と乳頭・乳輪の形態との不適合

赤ちゃんの口が小さく、それに比べて乳首が大きかったり長かったりすると、初めのうちは授乳が難しいかもしれません。これも③と同じように時間が経てば自然に解決することがあります。それまで繰り返し、赤ちゃんに吸ってもらう、ときには搾乳してあげているうちにうまく飲めるようになるかもしれません。

以上のようなことを試しても、赤ちゃんはスムーズに飲んでくれるとは限りませんし、授乳するとひどく疲れるという人もいるかもしれません。もしも、ほかの要素によって疲れているとしたら、家族内で家事や授乳以外の役割分担を調整したり、保健師や身近な人に相談したりするのもいい方法だと思います。

授乳があまりにも負担になったり、イライラしたりするほどなら、いきなり完全ミルク栄養にするのではなく、混合栄養にするのもいいでしょう。それでもつらいようなら、母乳をやめて完全ミルク栄養にしてもいいのです。ただ、母乳をやめることはいつでも可能ですが、一度やめてしまうと母乳は作られなくなっていくので、よく考えてみてくださいね。

完全母乳栄養にしたかったのに、なんらかの事情でできなかったという女性の中には「自分は失敗した」という挫折感を持つ人もいます。こういう際に「喪失感（grief）」という専門用語を使うことがあるくらいです。そんなときに、母乳の利点を聞いたり読んだりすると自分が責められているような気がすることがあります。でも、自分を責めるのではなく、できるだけがんばったことをねぎらいましょう。

授乳だけが子育てではありません。子どもには最上のものを与えてあげたいと思う人も多いでしょうが、いつでもできるとは限りません。時間にも予算にも努力にも限界があって当然です。完母をやめたとしても、混合にしたとしても、完ミにしたとしても、「私はできる範囲でがんばった」という自信を持ってくださいね。（森戸）

A

つらいなら、混合や完ミにしても大丈夫。でも、その前にラクになる方法を試してみて。

※1　柳澤美香『母乳育児スタンダード 第2版』日本ラクテーション・コンサルタント協会編　医学書院2015 p214

※2　Blair ps et.al:Bed-Sharing in the Absence of Hazardous Circumstances: Is There a Risk of Sudden Infant Death Syndrome? An Analysis from Two Case-Control Studies Conducted in the UK Published online 2014 Sep 19.

Q2 赤ちゃんがうまく飲めていません

生まれるのが少し早い、もしくは小さく生まれた赤ちゃんは、吸啜（吸うこと）が上手でなかったり、あるいは口が小さかったりして乳首をうまくくわえられない場合があります。

満期よりも早い在胎30～35週以前に生まれた赤ちゃんは、出生後すぐは誤嚥の危険があるため、母乳や粉ミルクをチューブで胃に入れることがあります。35週を越えると口から飲めるようになることが多いでしょう。早産で生まれたお子さんが母乳を直接飲めるようになるには、退院後4週間以上がかかったという研究結果があります。必要な全量を乳房から直に飲みとれるようになるのは、出産予定日（40週0日）を越えてからの修正42週くらいです（※1）

さらに、小さい赤ちゃんの場合、お腹がすいたというサインがわかりにくく、あまり泣いてからだと乳首をくわえることがより難しくなって、うまく飲めないということになりがちです。ですから、赤ちゃんのサイン――例えばモゾモゾ動いたり、口を動かしたりするタイミングを見逃さず、激しく泣く前に授乳を始めるとスムーズに飲めることがあります。また、オムツを換えたあとや、優しくなでたり抱っこしたりしたときに、それをきっかけにして授乳すると、うまく飲めることもあるでしょう。赤ちゃんの口が小さいためにうまく飲めない場合は、最初は搾乳して哺乳瓶で飲ませてみてください。赤ちゃんの成長スピードは早いので、数週間後には直接飲めるようになることも多いはずです。

もちろん、満期産で標準以上の大きさで生まれた赤ちゃんでも、うまく飲めないことはあります。その場合、赤ちゃんにとって心地よくない、もしくはどこかが当たって痛かったりする姿勢であることも多いので、まずはポジショニングを確認しましょう（42ページ参照）。もしかしたら眠いせいで、あるいはお腹がすいていないせいで飲みたくないのかもしれません。

そして、一度は飲み始めたのに、吸い続けてくれないこともありますよね。赤ちゃんがラクに落ち着いて飲めるように授乳クッションで固定するなどして、しっかり支えましょう。

また、乳房が張りすぎているようなら少し搾乳してからあげて、次回からはあまり間隔を開けずに授乳してください。乳房が張りすぎていると硬くてくわえづらいし、母乳が勢いよく出すぎると、赤ちゃんは苦しくて飲めないのです。

そのほか、授乳中に赤ちゃんの顔色が悪くなる場合は、呼吸と飲み込む動作の協調運動がうまくいかないのかもしれません。普通、赤ちゃんは大人と違って、呼吸と飲み込む動作を同時にできるものですが、その協調運動が上手でないうちは顔色が悪くなることがあります。時間あたりの嚥下する頻度が増すと、分時換気量が減少することが報告されています（※2）。つまり、ゴクンゴクンと早く飲み込むと呼吸が苦しくなるのですね。一度、乳房から赤ちゃんの口をはずして落ち着かせてから、再び授乳しましょう。

たまに健診で「赤ちゃんがむせます」「赤ちゃんが顔を真赤にして飲むんです」と心配される親御さんがいますが、これは異常ではありません。空気以外のものが気道に入りそうになるとむせることを『咳嗽《がいそう》反射』といいますが、これがないと気管支炎や肺炎になりかねないのでむせないといけません。赤ちゃんは、小さいながらも自分の身体を自分で守っているんですね。真っ赤になるのは、全身を使って一生懸命に飲んでいるからです。

最後に、ごくまれに舌の裏側と口の底部をつないでいる『舌小帯《ぜっしょうたい》』が短いせいで、うまく飲めないことがあります。昔は少し短いだけで切っていたようですが、今はよほど哺乳に問題がない限りは切りません。同じくごくまれに乳幼児でも摂食障害があり、摂食・嚥下に問題のある子どもの存在が知られてきて親の会も結成されています（※3）。もしも頑固に母乳も粉ミルクも飲まない場合、可能性としてこういったことも考えてみてくださいね。（森戸）

A

原因によって対処法が違うので、赤ちゃんをよく観察してみましょう。

※1　水野克己、水野紀子『母乳育児支援講座』南山堂p237
※2　佐藤和夫『周産期医学』2009vol.39増刊p628
※3　『つばめの会』https://sites.google.com/site/tsubamenokai/

Q3 母乳をあげてはいけないときは？

母乳をあげてはいけないという状況は、じつはあまり多くありません。個人が提供した母乳を預かって必要な赤ちゃんへ届ける『母乳バンク』というシステムが、多くの国で活用されていますが、たとえば欧米では以下にあてはまる人は母乳を提供することができません（※1）。

- HIV、HTLV、C型肝炎、B型肝炎、梅毒などの各種感染症を持っている人
- 一般的な薬剤を摂ってから半減期の5倍の時間が経っていない人
（インスリン、甲状腺ホルモン、経鼻スプレー、喘息吸入器、局所治療薬、点眼薬、プロゲスチンのみの避妊薬、低容量エストロゲンは使用していても母乳を寄付することができます）
- 喫煙している人
- 過去4か月以内に輸血をした人
- 過去12か月以内に、臓器移植を受けた人、違法な刺青やピアスをした人、汚染した針刺し事故にあった人、セクシャルパートナーが各種感染症にかかっていた人、投獄された人、狂牛病の家族歴がある人、ヨーロッパに狂牛病のリスクがある期間に滞在した人
- 24時間以内の多量（約2・5合以上）の飲酒や連日多量の飲酒をする人
- 多量のビタミン剤やハーブを常用している人

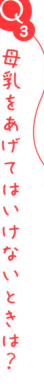

・ビタミンB12を摂っていないベジタリアン
・違法薬物を常用している人

自分の赤ちゃんに母乳をあげるときと、他人の赤ちゃんのために母乳を寄付するときでは少し違いますが、以上にあてはまる場合は産婦人科医、小児科医に相談してください。

ただ、喫煙に関して、自分の赤ちゃんの場合では母乳のメリットがとても大きいので授乳禁止ではありません。でも、タバコを吸うと、ニコチンやコチニンなど約4000種類の有害物質がお母さんの身体に取り込まれて母乳にも出るうえ、赤ちゃんが副流煙を吸い込むこともよくありません。赤ちゃんの呼吸器感染症、突然死症候群（SIDS）のリスクも上がります。だから、妊娠前に禁煙しておくべきです。それが無理でも徐々に減らしていき、禁煙しましょう（80ページ参照）。

お母さんが風邪などをひいたときも、授乳をやめなくても大丈夫です。風邪もインフルエンザも飛沫感染しますが、母乳を介して赤ちゃんが感染することはありません。哺乳瓶で粉ミルクをあげたとしても、ほかのお世話をしたら母子は接近しますから、いずれにせよ感染する危険性はあります。でも、母乳には免疫物質が含まれているので、むしろ感染・重症化予防に役立つのです。ちなみにお母さんが、インフルエンザワクチンを打ったり、抗インフルエンザ薬を服用したりしていても授乳はOKです。

授乳中に飲んでもいい薬

種類	商品名	一般名
解熱鎮痛剤	ピリナジンなど	アセトアミノフェン
	ブルフェンなど	イブプロフェン
	ボルタレンなど	ジクロフェナクナトリウム
鼻水・咳・痰の薬	ポララミンなど	D-クロルフェニラミンマレイン酸塩
	アストミン	ジメルモファンリン酸塩
	メジコン	デキストロメトルファン臭化水素酸塩
	ムコダインなど	L-カルボシステイン
	ムコソルバンなど	アンブロキソール塩酸塩
抗生剤・抗ウイルス剤	サワシリン・パセトシンなど	アモキシシリン
	フロモックスなど	セフカペンピボキシル塩酸塩
	メイアクトなど	セフジトレンピボキシル
	クラリス・クラリシッドなど	クラリスロマイシン
	ジスロマックなど	アジスロマイシン水和物
	タミフル	オセルタミビル酸塩
	バルトレックス	バラシクロビル塩酸塩
便秘薬	酸化マグネシウムなど	酸化マグネシウム
	プルゼニド・アローゼンなど	センナ
下痢の薬	ロペミンなど	ロペラミド塩酸塩
胃腸症状の薬	ガスターなど	ファモチジン
偏頭痛の薬	レルパックス	エレトリプタン臭化水素酸塩
喘息の薬	フルナーゼ・フルタイドなど	フルチカゾンプロピオン酸エステル
	パルミコート	ブデソニド
	テオドール・テオロングなど	テオフィリン
	キプレス・シングレア	モンテカルスト
花粉症・アトピー性皮膚炎の薬	アレグラ	フェキソフェナジン塩酸塩
	アレロック	オロパタジン塩酸塩
	クラリチンなど	ロラタジン
	オノンなど	プランルカスト水和物

授乳中に飲んではいけない薬

種類	一般名の例	デメリット
抗癌剤・免疫抑制剤の一部	メトトレキセート、エンドキサン、サンディミュン	細胞毒性が高い
向精神薬の一部	ウィンタミン、セレネース、トリフロペラジン	傾眠傾向、発達障害など
放射性同位体元素	^{131}I、^{64}Cu、^{67}Ga、^{111}In、^{99m}Tc	甲状腺機能低下、発癌性など
依存性の高い薬物	覚せい剤・コカイン・麻薬	易刺激性、嘔吐、下痢など

※放射性同位体元素というのは、検査や放射線治療で使う医療用の放射性物質のこと。

お母さんが、そのほかの薬を飲んでいるときにはどうでしょう。確かに、抗癌剤、向精神薬、抗生剤などの一部の薬は母乳に移行して、赤ちゃんに影響します。が、一般的な抗生剤、服用する機会の多い胃腸薬、風邪薬、抗ヒスタミン剤などは、用法用量を守れば大丈夫。外用薬の軟膏・クリームは局所にしか影響しないし、点眼・点鼻薬も全身へはごく微量しか移行しないので使っても構いません。前ページの表を参考にしてください。ただし、テープ型の気管支拡張薬や冠血管拡張薬の効果は、内服薬と同じなので注意が必要です。主治医に確認しましょう。

授乳中に服用できる薬はたくさんありますから、何かつらい症状があれば医師・薬剤師に相談してほしいのですが、薬を出してもらえない、あるいは安易に断乳をすすめられることもあるようです。そういうときは、右ページのリストや国立成育医療研究センターのサイト（※2）を参考にかけあってみてください。それでもダメなら、授乳中のお母さんを診ることもある産婦人科や小児科のクリニックに問い合わせてみるのもおすすめです。（森戸）

A

授乳してはいけない状況はあまり多くなく、だいたいいつでも続けられます。

※1　奥起久子『周産期医学』2012 vol．42増刊 p456-457
※2　国立成育医療研究センター「授乳中の薬の影響」http://www.ncchd.go.jp/kusuri/lactation/druglist.html

Q4 授乳後は必ずゲップをさせるべき？

赤ちゃんは授乳時にたくさん空気を飲み込んでいるので、やはりゲップをさせてあげたほうがいいでしょう。空気をたくさん飲み込むと、大人でもお腹（胃）が張って苦しくなりますよね。胃が空気で張ったままだと、胃酸が混ざった母乳や粉ミルクがこみ上げてくるので、胸焼けがする状態になり、赤ちゃんが「う～」とうなったりすることもあります。

「哺乳瓶の場合は構造上の問題で空気を飲み込むけど、母乳を直接飲んでいる場合は飲み込まないからゲップは不要」という説もありますが、そうとは限りません。母乳でも、お母さんが扁平乳頭や陥没乳頭の場合は空気を飲み込みやすいかもしれません。また、赤ちゃんは授乳前のお腹がすいて泣いたときにも空気をたくさん飲み込んでしまいます。

ですから、いずれにせよ生後3～4か月頃まではゲップをさせてあげましょう。それ以降は、特に苦しそうにしなければさせなくてもOK。

ゲップをさせるには、次ページのように赤ちゃんを縦抱きにして背中をトントン優しく叩く方法と、膝に赤ちゃんを座らせて背中を下から上へさする方法があります。初めての育児だと、ものすごく恐る恐る叩くご両親もいますが、首さえしっかり支えておけば大丈夫ですよ。

それでも出ないときは、赤ちゃんを一時的にうつ伏せ寝にしてください。お腹が下になることで、赤ちゃん自身の体重が胃を圧迫し、同時に背中側にある胃の入口『噴門《ふんもん》』が上になるのでゲップが出やすくなるのです。いくらさすっても空気は上へ集まりますから、あおむけだと出ていきませんね。

こういったことをやっても、ゲップが出ないこともあります。赤ちゃんが苦しそうじゃない場合や眠ってしまった場合は、そのままでかまいません。もしも苦しそうだったら、上半身を少し高くして寝かせましょう。ハイローチェアやバウンサーなどに座らせるとか、クッションやタオルなどで角度をつけます。まだ首が座っていない赤ちゃんは、上半身を高くしすぎないように注意してください。（森戸）

A

生後3~4か月頃まではゲップさせましょう。それ以降は苦しそうにしなければOKです。

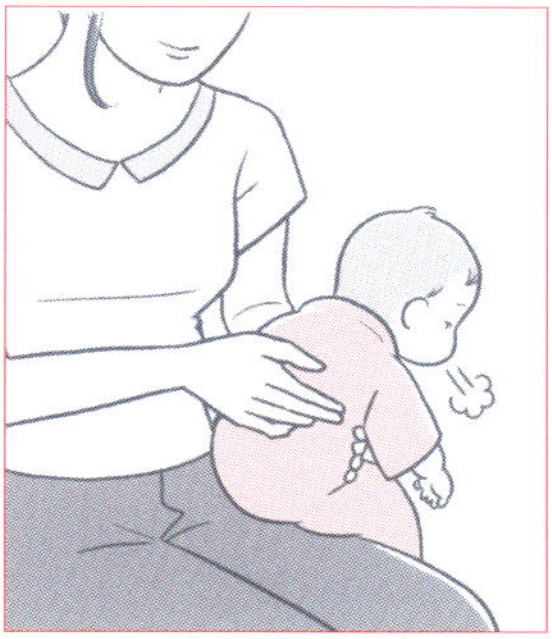

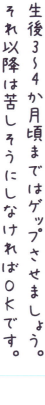

Q5 美味しい母乳を作る食事ってあるの？

お母さんが「ファストフードを食べると母乳がしょっぱくなる」、「油っぽいものを食べると母乳がドロドロしてまずくなる」、「和食（粗食）をとると母乳が美味しくなる」などと言っている人たちがいますが、本当でしょうか。

私たちが食べたものは、食道や胃などの消化管を通って、でんぷんは糖、タンパク質はアミノ酸、油脂は脂肪酸とグリセロールに細かく分解されます。糖とアミノ酸は、門脈を通って肝臓で代謝され、血流にのって心臓から全身へ。脂肪酸とグリセロールは、再合成されてリンパ管を経て血流に入り、心臓から全身へと運ばれます。母乳は、この全身をめぐる血液を材料にして作られます。乳腺は消化された食物が通る肝門脈やリンパ管と直接つながっているわけではないので、食べものがそのまま母乳中に出ることはありません。

そして、美味しいという感覚は主観です。赤ちゃんが母乳を美味しいと思っているかどうかは、どうしたらわかるでしょう。赤ちゃんは言葉を話すことができないし、生まれたばかりの子は表情も乏しいので判断しにくいもの。乳首を長くくわえていたか、すぐに離したかということで判断した論文もありますが、ほかの原因や試験者の主観を完全に取り除くのは難しいでしょう。味覚センサーを使って母乳の味を調べた研究論文でも違いは出ていないようです。成長発達に必要な程度に母乳が飲めていれば、赤ちゃんは母乳の味に不満がないと考えていいと思います。匂いに関しては、母親の食べたもので乳児の吸い付き方に変化があるかもしれないという報告がありますが、一時的なものと考えられています（※1）。

また哺乳動物は産後に母乳だけで子どもを養う期間があるので、母親が何を食べたかにかかわらず母乳の成分は一定に保たれるようになっています。だから、お母さんが塩分をたくさん摂っても母乳はしょっぱくならないし、甘いものをたくさん食べても甘くはなりません。サプリメントなどで鉄を摂っても、母乳は鉄臭くなったりもしないのです。下の表を見ると、授乳中のお母さんが摂取したかどうかに左右されない栄養素、母体に貯蔵されたぶんから使われる栄養素も多いことがわかります。

このような母乳の恒常性は、どのくらい保たれるかというと、栄養状態が違う北欧とアフリカの母親の母乳を分析して比べた結果が、ほぼ同じであったほど（※2）。母体には、本来、自分の身体を犠牲にしてでも母乳の量と成分を維持する機能があるのです。

乳汁中の栄養素含有量に影響する因子

乳汁中の栄養素含有量に影響する因子	栄養素
授乳婦の摂取状況	脂質*、ビタミンA、ビタミンK、ビタミンE、ビタミンB_1、ビタミンB_2、ナイアシン、ビタミンB_6、ビオチン、パントテン酸、ビタミンC、マンガン、セレン、ヨウ素
授乳婦の体内貯蔵量	脂質、ビタミンD、葉酸
授乳婦の摂取状況・体内貯蔵量にかかわらず一定	たんぱく質、ビタミンB_{12}、マグネシウム、カルシウム、リン、クロム、鉄、銅、亜鉛、ナトリウム、カリウム
不明	モリブデン

*摂取状況により脂肪酸組成が変化

瀧本秀美『チャイルドヘルス』2011 Vol.14 No.8 p5より引用

なお、「パンパンに張ったおっぱいから出る母乳はまずい」という説もありますが、これもナンセンス。母乳は出始めと終わりのほうでは、脂肪の割合が違うため、味も違うかもしれません。でも、出始めの母乳がまずいからという理由で飲まない赤ちゃんはいないでしょう。以上のような理由で、母乳が美味しくなる食事、まずくなる食事というのはないと考えられます。

ただし、あまりに偏った食事は問題です。「和の粗食を食べると美味しい母乳が出る」とすすめる人がいますが、肉や魚、乳製品、卵などを制限するのはよくありません。菜食主義のお母さんがビタミンB_{12}の供給源である動物性食品を長期間とらず、母乳中のビタミンB_{12}が不足し、赤ちゃんに神経障害が起こった例が報告されています（※3）。1か月くらいのスパンで、偏りなくバランスよく食べるようにしましょう。（森戸）

A 母乳が美味しくなる食事はありません。バランスよくなんでも食べて！

※1　青木宏明『周産期医学』2012 vol. 42増刊 p103
※2　Lonnerdal BO. In; Hamosh M, Goldmans AS (eds), Human Lactation 2, Plenum Press, 1986. P301-323
※3　Centers for Disease Control and Prevention (CDC): Neurologic impairment in children associated with maternal dietary deficiency of cobalamin-Georgia, 2001. MMWR Morb Mortal Wkly Rep. 2003 Jan 31;52(4)p61-64

Q6 授乳中の嗜好品は一切ダメ？

妊娠中、お腹の赤ちゃんを気遣って食事に気をつけていたお母さんたちの中には「産後は好きなものを食べよう！　飲もう！」と思っていた人も多いことでしょう。本当にお疲れさまでした。ほとんど全ての食べものや飲みもの、嗜好品はOKです。

●お菓子類

甘いお菓子類をたくさん食べても母乳は甘くなりませんし、影響はありません。お煎餅などのしょっぱいものを食べても、母乳は塩辛くなりません。母乳は血液から作られますが、血糖値や血中ナトリウム濃度は一定になるように、何系統にもわたる仕組みがあるからです。

ケーキなどの乳製品、脂肪分が母乳によくないと言う人もいますが、脂肪を多く摂っても、

飽和脂肪酸か不飽和脂肪酸かという組成は変わるものの、母乳中の脂肪は増えません（※1）。

しかも、その脂肪の直径は初乳で1・5〜3・0㎛、移行乳と成乳で2・0〜6・0㎛（※2）と言われていて赤血球よりも小さく、一つひとつがくっついて大きくなるという性質はないのです。一方、乳管の太さですが、表層近くの乳管は2㎜（2000㎛）で、細乳管という一番細いところの径はわかっていません。が、毛細血管よりは太いことがわかっているため、乳腺房の一番細いところであっても、赤血球よりも小さい脂肪が詰まるということは考えにくいですね。母乳中にあるのは、もちろん脂肪だけではなく、88％が水で脂肪は3・5％です。高脂肪の食品をとりすぎて乳管を詰まらせ、乳腺炎の原因になるということはないのです。

それから、乳製品や卵など特定の食品を食べないようにしても、お子さんのアレルギーを予防できるということはありません（※3）。だから、ご自身の健康に悪くない程度であれば、好きに食べてくださいね。

●コーヒー、紅茶など

コーヒーや紅茶、緑茶などのカフェインを含む飲みものも、普通の量なら飲んでも大丈夫。LactMedというサイトは英語ですが、母乳に影響する食べものや飲みもの、薬について調べることができます（※4）。

このサイトによると、1日にコーヒー10杯分以上のカフェインを毎日摂る母親に授乳された乳児は、いらつきや眠れないなどという症状があったとのこと。さらに、1日5杯のコーヒーを飲むお母さんに授乳された生後3週以降の乳児の調査では、興奮状態などはみられなかったものの、早産児やより小さな乳児では代謝が遅いために影響が出るかもしれないそうです。赤ちゃんが母乳を介してカフェインを大量に摂ると、興奮したり、なかなか寝付けなかったり、睡眠障害を起こしたりという症状が起こりえるのですね。アメリカ小児科学会は1日2〜3杯までなら問題ないとしています（※5）。授乳中は喉が渇きますから、カフェインが入っていない飲みものと併せて適量を飲みましょう。

●アルコール

お酒は、当然ダメだと思っている人が多いと思います。厚労省「e-ヘルスネット」の飲酒のガイドラインも妊娠中、授乳中の女性は飲むべきではないとしています（※6）。確かに、アルコールを過剰に摂取したお母さんの母乳を飲んだ赤ちゃんには、傾眠、深い睡眠、筋力低下、成長障害が認められるので、慢性的に飲みすぎるのはよくありません。

でも、実際は、今まで飲んでいた人なら少し飲んでもOKです。アルコールの血中濃度が最も上がるのは、お酒と食事を一緒にと

純アルコール20g相当量

ビール（度数5%）	500ml
チューハイ（度数7%）	360ml
ワイン、シャンパン（度数12%）	200ml
日本酒（度数15%）	180ml

った場合は約60〜90分後、単独の場合は約30〜60分後。授乳直後に飲み始めて、2〜3時間後に次の授乳をするとなると、そのあいだに代謝できる量は純アルコールに換算して20g程度です。アルコール度数によって違いますから、前ページの表を参考にしてください。もし少し残っていたとしても、赤ちゃんの体重1kgあたり0・5gまでなら、母乳を介してアルコールを摂取しても問題ないといわれています(※7)。搾乳して捨てる必要はありません。

前述のLactMedでもアルコールについて検索すると、短期的にも長期的にも、ときどきのグラス一杯のワインやビールは子どもに悪影響を与えないという論文が出てきます(※8)。ですから、そのくらいの量にとどめましょう。

以上のように、ほとんどのものはOK。

でも、先にも述べたとおり、タバコだけはダメです。お母さんがタバコを吸った場合、ニコチンはお母さんの血中濃度よりも母乳中のほうが1・5〜3倍高くなり、赤ちゃんは安全でないレベルの一酸化炭素やアレルゲンを吸入し、呼吸器感染症のリスクが増加し(※9)、突然死症候群(SIDS)の危険性も上がります。だから、妊娠したいと思った時点で、お母さんも同居している人たちも禁煙するのがベストです。

ただ、どうしてもやめられなくても母乳をあきらめないでください。母親が同じように喫煙者で、母乳だった場合と粉ミルクだった場合で比較すると、母乳育児のほうが急性期呼吸器感染症のリスクが1/7だったという研究があるからです(※10)。

禁煙できないから粉ミルクにするのではなく、できる限り本数を減らしたり、ガムやパッチなどの禁煙補助薬などを使ってやめるようにしましょう。(森戸)

A

カフェインやアルコールも少量なら OKですが、タバコだけはダメです。

※1 水野克己、水野紀子『母乳育児支援講座』南山堂 p33
※2 安部恭子、島田達夫『形態・機能』第7巻第2号 p51-58
※3 宇理須厚雄、近藤直実監修『食物アレルギー診断ガイドライン２０１２，日本小児アレルギー学会食物アレルギー委員会』２０１１
※4 LactMed　http://toxnet.nlm.nih.gov/cgi-bin/sis/htmlgen?LACT
※5 American academy of pediatrics : Policy statement" The Transfer of Drugs and Other Chemicals Into Human Milk. Pediatrics 2001; 108(3) p776-789
※6 厚生労働省e-ヘルスネット　http://www.e-healthnet.mhlw.go.jp/information/alcohol/a-03-003.html
※7 水野克己『母乳とくすり』南山堂 p60
※8 Haastrup MB, Pottegard A, Damkier P. : Alcohol and breastfeeding. Basic Clin Pharmacol Toxicol. 2014 Feb; 114(2) p168-73
※9 British Medical Association Board of Science and Education & Tobacco Control Resource Center. 2004. Smoking and retrospective life.
※10 Woodward A et. al:Acute respiratory illness in Adelaide children: breast feeding modifies the effect of passive smoking. J Epidemiol Community Health. 1990 Sep;44(3): p224-30.

Q7 直接母乳をあげようとすると嫌がります

乳房から飲むのと哺乳瓶から飲むのだと、赤ちゃんにとってどんな違いがあるでしょうか。まず、感触や匂いが違います。次に、乳房の場合、赤ちゃんが吸い始めて1分くらい経ってから『射乳反射』が起こって乳汁が出てきます。それまでの1分間は、何も出ていないのです。それに比べて、哺乳瓶だと初めから粉ミルクが出てきます（※1）。また、吸啜に必要な力も違います。哺乳瓶のほうが強く吸わなくてもたくさん飲めてラクなのです。

乳房と哺乳瓶にはそういった違いがあるために、赤ちゃんが混乱してしまい、どちらかからしか飲まなくなるのではないかと言われています。しかし、実際のところ、どうして乳頭混乱が起こる子と、どちらからでも抵抗なく飲める子がいるのか、その理由ははっきりしていません。ただ、母乳がよく出ていて射乳反射がすぐ起これば、あまり混乱はないようです。そして、あまり母乳が出ないのに乳房を押しつけられたりすると嫌がる、拒否するようになりやすいといわれています。逆に、乳房からしか飲まなくて、哺乳瓶を受けつけないということもありますね。どちらからも飲めるという子のほうがずっと多いのですが、いずれかを拒否されると大変です。完全に拒否するようになる前に、いろいろと試してみましょう。

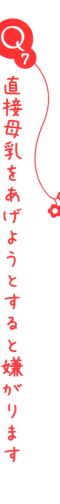

〈直母を嫌がる場合〉

まず、赤ちゃんが眠いときやお腹がへって泣き叫んでいるときは難しいので、静かに起きているときやお腹がすきすぎていないときにあげてみてください。優しく声をかけたり、なでたり、小さく揺らしたりなどすると、赤ちゃんもリラックスします。

また、授乳姿勢を見直してみましょう（42ページ参照）。母子ともにリラックスした姿勢で、赤ちゃんをお母さんの乳房のあいだに抱っこして、赤ちゃんが見つけやすいように頻繁に乳首を近づける、赤ちゃんの口に直接少しずつ搾乳する、赤ちゃんとの肌の触れあいをできるだけ長くすると、自発的に吸う行動を誘いやすいという説もあります（※2）。

そして、母乳の出が悪くなるといけないので、赤ちゃんがうまく吸えないあいだは、なるべく搾乳しておきましょう。母乳は吸いとられたぶんだけ、また作られます。

一方、おしゃぶりを使うと、乳首を適切にくわえることが難しくなり、母乳育児が阻害されることが多くの研究でわかっています。おしゃぶりを与えるのは悪いことではありませんが、直母を嫌がる場合は与えないほうがいいかもしれません。

〈哺乳瓶を嫌がる場合〉

一番多い理由は、母乳だけで満足しているということです。母乳が順調に出るようになって、赤ちゃんも上手に飲みとれるようになると、吸われるたびに適量が分泌されるので、乳房が張っている感じがしなくなるため、足りていないのではと心配するお母さんもいます。でも、1日に7回前後のおしっこが出ていれば、母乳は足りています。健診で赤ちゃんの体重増加はどうでしたか？　母子手帳には成長曲線がありますからプロットしてみましょう。体重が順調に増加していれば、哺乳瓶を使わなくてもいいかもしれません。

母乳が足りないようだったり、ほかの事情があったりして搾乳した母乳や粉ミルクを与えたいのに哺乳瓶を嫌がるという場合は、乳首を変えてみるといいでしょう。シリコン製ではなくゴム製にしてみると、感触が違うので飲むかもしれません。乳首の形状が違う哺乳瓶にしてみるのもいいかもしれません。母乳のように少しずつしか出ない穴の小さいタイプの哺乳瓶（乳首）もあります。それでも哺乳瓶を嫌がって、体重増加が不安なときには小児科医に相談してくださいね。（森戸）

A　直母を嫌がる場合は自発的に吸うよう促し、哺乳瓶を嫌がる場合は乳首のタイプを変えてみて。

※1　水野克己『周産期医学』2012 vol．42増刊 p138
※2　柳澤美香『母乳育児支援スタンダード　第2版』日本ラクテーション・コンサルタント協会編　医学書院2015 p217

Q8 完母を目指したいけど、どうしたらいいの？

混合から完母にしたいというお母さんはたくさんいます。外来で、まわりの人に「粉ミルクをやめなさい。そうしたら母乳だけになるよ」と言われて困っているお母さんからの相談を受けることがありますが、粉ミルクをやめた途端に母乳がどんどん出るわけはないですよね。

これまでに述べたように、母乳育児のために医療機関ができることは以下のとおりです。

- 産後すぐからお母さんと赤ちゃんが同室で一緒にいられるようにすること
- 早くに授乳がスタートできるよう支援すること
- 1日8回以上、頻繁に授乳するように伝えること
- 赤ちゃんがほしがるだけ授乳する『自律哺乳』をすすめること
- 医学的な必要がないのに、母乳以外のもの（水や糖水、粉ミルクなど）を飲ませないこと

自宅に帰ってからは、授乳回数を増やす工夫をしましょう。赤ちゃんがあんまり大泣きしてからでなく、お腹がすいたような素振りをしたら母乳をあげてみます。ぐずったときにも母乳を吸わせてみるといいようです。ポジショニングとラッチ・オンを見直して（42ページ参照）、

1日に8〜12回は母乳を吸わせてください。

赤ちゃんが乳房に吸い付くのを嫌がるようだったら、肌と肌の触れ合いだけでもしてみましょう。お互いリラックスして触れ合っているうちに、赤ちゃんがおっぱいに興味を持ち始め、うまく授乳できることがあります（83ページ参照）。頻繁に直接授乳するのが理想的ですが、赤ちゃんがうまく吸えていなかったり残ってしまう感じがあったり、ひどく疲れてしまうようなら搾乳もしましょう。赤ちゃんが吸っているときに、乳房を優しくマッサージするのもいいと思います。

粉ミルクの具体的な減らし方ですが、赤ちゃんの健康を守るために、体重を正確に測りながら行うことが何より大切です。体重は毎日比較すると誤差が大きいので3〜5日おきに比べましょう。同じ体重計で、同一条件（同じ服、時間など）で測ってください。

ちなみに、WHOは以下のように段階的に減らしていくことをすすめています。突然、粉ミルクをやめるのではなく、授乳回数を増やしながら少しずつ減らしていく方法です。

①まずは24時間の補足量（1日に足している粉ミルクの総量）から50㎖減らす

粉ミルクの1日量は、体重1㎏あたり150㎖程度が目安ですが、混合の場合は全てが粉ミルクではないですよね。足している粉ミルク量から50㎖減らして、そのぶん授乳を頻繁にしましょう。1回分から50㎖を減らすのではなく、10㎖を5回減らすというように分散します。

〈例：授乳後に粉ミルクを60㎖×6回足していた場合〉

1日の補足量である360㎖のうちの50㎖を減らして、1日に与える粉ミルクの量を310㎖にします。例えば6回のうち、50㎖を5回、60㎖を1回というふうにします。

②赤ちゃんが満足していて体重が1週間に125g以上増加していたら、再び50㎖減らす

赤ちゃんが機嫌よくすごせて、お腹をすかせているようではなく、しかも体重が日割り計算で15g以上増えていたら、また50㎖を減らすということです。これがうまくいけば、繰り返していきます。1週間に50㎖ずつ減らすということです。

〈例：授乳後に粉ミルクを60㎖×6回足していた場合〉

310㎖にした補足量を、さらに260㎖にしましょう。例えば6回のうち40㎖を5回、60㎖を1回与えます。

③赤ちゃんが満足せず、体重の増加が見られなければ、それ以上は粉ミルクを減らさないで、もう1週間様子を見る。

赤ちゃんが不機嫌だったり、お腹をすかせていたりするようだったら、それ以上は粉ミルクの補足量を減らさず、頻繁に授乳しながら様子をみましょう。可能なら、搾乳器で絞った母乳も与えてください。

〈例：授乳後に粉ミルクを60㎖×6回足していた場合〉

1日に足す粉ミルクの量は260㎖のままで、それ以上は減らさずに様子をみます。

④それでも赤ちゃんが満足せず、または体重の増加が見られないときは、粉ミルクの量を戻す

様子を観察しながら、頻繁に授乳をしても赤ちゃんが不機嫌だったり、お腹をすかせているようだったり、体重が増えないようだったら粉ミルクの量を元に戻します。その後は、頻繁に授乳したり、搾乳器で絞ったりして母乳の量を増やしながら与え、再チャレンジを試みてもいいでしょう。赤ちゃんが少し育つと飲むのが上手になって、うまくいくことがあります。

〈例：授乳後に粉ミルクを60㎖×6回足していた場合〉

1日に足す粉ミルクの量を、310㎖に戻します。

ただし、月齢が小さい場合は2週間も体重が増えないとよくありませんし、体重が減少した場合は以前の粉ミルク量に戻すべきという指摘もあります。特に早産で生まれた場合、週数に比べて小さく生まれた場合は要注意。心配な場合は、小児科医に相談してください。

1989年、WHOとユニセフが「母乳育児成功のための10か条」を発表して以来、世界的に母乳育児が推進されています。じつは、それと同時に新生児期の母乳性高ナトリウム血症や低血糖脳症の報告が増えているのです（※2）。赤ちゃんが脱水から高ナトリウム血症になると、播種性血管内凝固症候群、脳浮腫、けいれん、腎不全、頭蓋内出血、血栓塞栓症などの致死的合併症が起こったり、神経学的後遺症が残ることがあります。また低血糖症になると、易刺激性、傾眠、無呼吸発作、低体温などの急性症状が起こったり、発達障害、皮質盲などの後遺症が残ることもあります。母乳を増やす努力は、こういったことが起こらないように慎重に行うべきなのです。

最も大切なのは、赤ちゃんがすくすく育つこと。母乳の分泌量や赤ちゃんが飲む量をうまく増やせないならば、無理をしてはいけません。赤ちゃんのために母乳を増やしたいのであって、母乳を増やすために赤ちゃんを痩せさせてしまっては本末転倒ですね。ほどほどにチャレンジして、無理だったら粉ミルクをあげることを肯定的にとらえてみてください。（森戸）

A

粉ミルクの補足量を段階的に減らしましょう。ただし赤ちゃんの健康が第一なので無理はダメ。

※1　WHO.（1998）.Relactation: Review of experience and recommendations for practice. http://www.who.int/maternal_child_adolescent/documents/who_chs_cah_98_14/en/

※2　大橋敦他：高ナトリウム血症と低血糖脳症をきたした完全母乳栄養の新生児例『日本小児科学会雑誌』２０１３　１７（９）ｐ１４７８-１４８２

Column 4

産後うつのリスク

産後のお母さんは、心身ともに危機的な状態にあります。どのような出産でも身体に大きなダメージを負いますし、それまで大量に出ていたエストロゲンが急激に低下し、精神的にも非常に不安定になりがち。

さらに赤ちゃんが生まれたことで生活は激変。慣れない育児と家事を同時にやらなくてはなりません。どう考えても、周囲のサポートが必要な時期であることは明らかです。

私は第一子の出産後、思うように母乳が出ず、産院で粉ミルクに頼らないよう教え込まれたので、最初の１か月は特に必死で授乳しました。でも、入院中に減った娘の体重はなかなか戻らず、精神的に不安定に。娘の数日後に生まれた知人の子が大きく育っていることをSNSで知り、涙を流したこともありました。

それでも必死だったせいか、自分の精神がむしばまれているという自覚はゼロ。今思い返せば、かなり追い詰められていたのは確かです。

私の場合は産後うつには至りませんでしたが、自己防衛は難しいと思います。ですから、産後は可能な限り無理をしないようにしましょう。産後うつかもしれないと思ったら、産婦人科医や助産師、保健師、または心療内科の医師などに相談するのも手です。

産後の母親はメンタルもフィジカルも通常とは違うことが広く知られ、母性という言葉を盾に母に我慢を強いない社会になってほしいと思います。また不安定な時期の母に、善意からであっても「母乳神話」を押しつける人がいなくなることを願っています。（宋）

第4章

おっぱいトラブル

Q1 母乳が不足していないか心配です

母乳の場合、赤ちゃんが飲んだ量を目で確認できないので、多くのお母さんが「足りていないのでは」と不安になるようです。これを「母乳不足感」と言います。まずは、本当に母乳が不足しているのか、それとも不足しているような気がするだけなのか見分けましょう。

赤ちゃんのおしっこの回数が1日に7〜8回以上あれば足りています。そして体重が順調に増えていれば大丈夫。体重計を持っていない場合は、ショッピングモールなどの赤ちゃん休憩室で計ってみてください。産院や母乳外来で計らせてもらえることもあります。さらに、その体重を母子手帳の成長曲線に当てはめてみると安心できるかもしれません。そこまでしなくても、1週間おきくらいに以前の写真と比べて、顔がふっくらしてきていればOKです。

反対に、赤ちゃんのおしっこの回数と量が少ない、母乳を飲みながら怒る、吸い疲れて眠ってしまう、いつも機嫌が悪い、あまり動かない、皮膚がカサカサしているときは足りていない可能性があり、体重が増えなかったり減ったりしているときは足りていません。

そういう場合は、母乳の分泌量を減らさないよう頻繁に乳房を吸わせたあとで粉ミルクを足したり、小児科医や保健師に相談したりしましょう。ただし、中には少し体重の増えが悪いだけでも「粉ミルクを足しましょう」と言う医療従事者（小児科医に多い）もいれば、逆に明らかに足りないのに「母乳だけでがんばって」と言う医療従事者（助産師に多い）もいるので、極端なことを言われていないかどうか、自分で判断できたほうがいいと思います。

母乳を増やすには、頻繁に授乳するのが一番。可能なら、母乳の分泌をよくするプロラクチンの分泌が高まる夜間も一度は授乳するようにしてください（※1）。また、赤ちゃんが片方の乳房を吸っているとき、もう一方から搾乳すると分泌量を増やせる可能性があります。助産師によ る母乳マッサージは、特に必要ありません。

また、口コミやインターネット、雑誌や書籍によって根拠のない「母乳を増やす方法」が広まっていますから要注意。例えば、おもちゃや根菜が母乳を増やすというのは単なる迷信です。たんぽぽ茶やたんぽぽコーヒー、ごぼう茶、ハーブティーを飲むと母乳が増えるという広告も多く見かけますが、根拠が明らかでないことは知っておいてくださいね。（宋）

A

本当に母乳が不足しているのか確認し、そうであれば工夫をしてみましょう。

※1　堀内勁『周産期医学』2012 vol．42増刊号 p432-435

Q2 母乳が出すぎて困っています

母乳が足りなくても困りますが、出すぎるのも困りもの。乳房がカチカチに張って痛くなったり、下着や服に染みてしまったり……。また、赤ちゃんが吸うペースよりも早く大量に母乳が噴き出てしまうと、赤ちゃんがむせてしまって、うまく飲めないこともあります。そのようなときは少しだけ搾乳してから与えるとスムーズです。

さて、母乳を減らす方法ってあるのでしょうか。

前述のとおり、赤ちゃんが母乳を飲みきらなかったり、授乳間隔が長くあいてしまったりして乳房内に母乳がたまったままになると、FILというたんぱく質の働きによって、母乳の生産量は減ってしまいます。つまり、乳房の中に母乳を残すようにすれば、少しずつ分泌量を減らすことができるということです。

ただし、赤ちゃんには母乳が必要ですし、たくさん残しすぎれば乳腺炎のリスクもありますから無理は禁物。具体的には、まずは授乳の前後に搾乳をしないようにしてください。乳房が張ると不快なので全部出しきってしまいたくなると思いますが、そうするとさらに母乳が作られてしまい、乳房がカチカチになってしまいます。

A

授乳間隔をあける、片側授乳をするなどして少しずつ分泌量を減らしてみて。

また、片側授乳という方法があります。1回の授乳で左右のどちらか片方だけから飲ませるようにして、次回の授乳のときは反対側から与えるという方法です。片方ずつあげることで、赤ちゃんに脂肪分の多い母乳（後乳）をたっぷり与えられるうえ、片方ずつの授乳間隔をあけることができるからです。

それでもたくさん出すぎるようなら、例えば3時間おきだった授乳を3時間半〜4時間おきにするなど、少し間隔をあけてみましょう。もちろん、赤ちゃんがほしがる場合は授乳したらいいのですが、本当にほしがっているわけではないときでも、泣くたびに乳首をくわえさせてしまうと、やはり母乳の分泌量が増えてしまいます。

ただし、あまりに胸が張る場合は、乳腺炎にならないよう少しだけ授乳か搾乳をしてください。そのほか、特別な効果はありませんが、不快感を減らすために乳房を冷やしてもかまいません。保冷剤などをタオルに包んであてると、少しラクになると思います。でも、授乳直前に冷やしてしまうと、母乳の出が悪くなってしまうので避けてくださいね。（宋）

Q3 乳首が痛くて授乳がつらいです

赤ちゃんが正しく吸い付いていないと、乳首に負担がかかって痛くなりがち。適切に授乳できていれば痛みは消失していくので、第2章Q4（42ページ）をおさらいしましょう。

特に産後すぐであれば、赤ちゃんの口が小さく吸うのが上手でなく、お母さんの乳首も慣れていないせいで痛くなっている可能性が高いので、時間が解決すると思います。

そのほか、乳首の痛みの原因と対策は、以下のようなものが挙げられます。

①哺乳瓶の乳首に慣れすぎている
赤ちゃんが哺乳瓶の小さな乳首に慣れると、浅くしかくわえられなくなることもあります。少なくとも直接母乳を吸うことに慣れるまでは、なるべく哺乳瓶やおしゃぶりを使わないほうがいいかもしれません。

②満足する前に授乳をやめている
赤ちゃんが自分から口を離す前に、無理にはずしてしまうと、乳首を傷つけてしまうことが

あります。なるべく赤ちゃんが自分から離すのを待つか、途中で終える場合は赤ちゃんの口の端から指を入れて離すようにするといいでしょう。

③搾乳の仕方に問題がある

搾乳のときに指で強く圧迫しすぎている、乳首と搾乳器のサイズが合っていない、無理な圧力をかけていると痛くなることがあるので見直してみてください（48ページ参照）。

④ブラや母乳パッドが刺激を与えている

授乳中は乳房がサイズアップし、さらに張っているときはより大きくなりますから、締め付けすぎないブラジャーを選んでください。また化繊のブラ、長時間湿ったままの母乳パッドが、乳首に刺激を与えてしまうことで痛くなることもあります。ブラは木綿などの素材にし、母乳パッドはまめに変えるようにしましょう。

これらを見直してみても痛みが強い、痛みが持続する、乳首に傷ができているなどの場合は、搾乳器で母乳を搾って与え、乳首を休ませるのもいいでしょう。ただ、ある比較試験でお母さんたちを、授乳時間を制限するグループ、制限しないグループに分けて比較したところ、制限してもしなくても乳首の発赤や亀裂の発生に有意差はなかったうえ、制限した場合は産後6週間までに授乳をやめてしまったという報告があります（※1）。ですから、なるべく授乳を続けたほうがいいでしょう。

薄いシリコン素材の乳頭保護器（ニップルシールド）を使うという方法もあります。生後すぐに使うと乳頭混乱が起こりやすい、乳頭に刺激が加わらないために母乳の分泌量が増えないかもしれない、赤ちゃんが吸いにくそうにする、などというデメリットもありますが、合うものが見つかれば使ってはいけないわけではありません。

また、乳首の傷にはラノリンがよいといわれていて、「ランシノー」、「ピュアレーン」などの名前で市販されています。もちろん、産婦人科で、授乳中でも塗ることができる軟膏を処方してもらうという方法もあります。痛みがひどくてつらい場合、なかなか治らない場合は、保護や保湿だけでなくステロイド剤などを使ったほうがいいこともあるので、あまりがまんしないで産婦人科医に相談してくださいね。（宋）

A

乳首を傷つける原因がないか再確認。あまりに痛いときは産婦人科へ。

※1　Enkin M et al.『妊娠・出産ケアガイド』医学書院

Q4 乳腺炎になったら、どうしたらいいの？

突然、乳房がカチカチに腫れて赤くなり、痛くて熱を持った状態になるのが『乳腺炎』です。ときには、発熱や寒気などをともなうことも。乳腺炎には、なんらかの原因で乳管が詰まって乳房で炎症が起こる「非感染性」、細菌感染を起こして炎症が起こる「感染性」の2タイプがあります。後者の原因は細菌感染ですが、前者の場合の原因はなんでしょうか。

乳腺炎の原因は、第3章でも述べたように助産師などの医療関係者から「乳製品や脂肪分の多い食事」にあると言われることが多いのですが、これは間違いです（77ページ参照）。ですから、あっさりした和食だけを食べて一切の乳製品やお菓子を避けていても、逆にこってりしたフレンチに加えて乳製品やお菓子を食べていても、常識の範囲内の摂取であれば、乳腺炎のリスクは変わらないと言えるでしょう。

では、何がリスクになるかというと、以下のようなことが挙げられます。

①「赤ちゃんの飲む量＜母乳の分泌量」になって、乳房内に大量の母乳がとどまる（赤ちゃんが飲みきれない）こと

②下着や抱っこひもなどによる締め付けや圧迫

③授乳姿勢が不適切であること

④お母さんの疲れや肩こり

このうち最も大きいのが、①の乳房に母乳がとどまること。来客やお宮参りなどの行事があって、いつもの授乳リズムが狂って間隔があいてしまったり、外出先でケープをかけて授乳するなどして普段と姿勢が違ってしまったために起こることが多いのです。だから、乳腺炎の予防にも治療にも、正しい姿勢で頻繁に授乳するのが効果的。

乳腺炎になってしまったら、赤ちゃんは先に飲む乳房をしっかり飲むので、乳腺炎が起こっている側から飲ませてください。乳腺炎のときの母乳は、少ししょっぱくなるといわれていますから、赤ちゃんが飲むのを嫌がる場合もあるかもしれません（※1）。でも、口コミで言われているほどドロっとしたマズイ母乳というわけでもないと思います。お腹がすいてから飲ませる、うとうとしているときに飲ませるなどの工夫をして、それでもダメなら搾乳しましょう。たとえ細菌性の乳腺炎でも、赤ちゃんが感染することはないので安心してくださいね。

よく生のキャベツ、すりおろしたジャガイモや里芋などを乳房に貼る「民間療法の湿布」をすすめる助産師や保健師がいるようですが、どれも乳腺炎に効くという科学的な根拠はありません。むしろ、生の野菜類には細菌類が多く付着しているため、赤ちゃんがリステリア食中毒などを起こす危険性があります。そうでなくても、母子ともに皮膚がかぶれたりするなどのアレルギー症状が起こることもありえますから、「なんとなく自然でよさそう」と実践しないようにしてください。

頻繁に母乳を飲ませてもよくならなかったり、悪化したり、熱や痛みが続く場合は、産婦人科を受診しましょう。細菌性の乳腺炎の場合は、抗菌薬を服用する必要があります。通常、母乳を続けられる抗菌薬が処方されると思いますが、念のため授乳しても大丈夫かどうかを医師に確認してください。処方された薬は、飲みきるようにしましょう。（宋）

A

正しい姿勢で頻繁に授乳しましょう。つらいようなら産婦人科を受診して！

※1　水野克己、水野紀子『母乳育児支援講座』南山堂 p179

Q5 胸にしこりができていて不安です

授乳期間中、乳管が詰まってしこりができてしまうことがあって、これを『乳管閉塞《にゅうかんへいそく》』と言います。乳管を詰まらせているのは、カルシウムや脂肪、繊維質、なんらかの理由で濃縮された母乳が塊になったものだといわれていますが、詳しい原因ははっきりしていません。

でも、乳腺炎と同様に赤ちゃんの吸い方に問題があったり、授乳回数が減ったり、母乳の出がよすぎて赤ちゃんが飲みきれなかったりすると起こりやすいようです。また、乳腺炎と同じく、お母さんがとった食事は関係ありません。

一方で、乳腺炎と違うのは、乳房が熱や痛みをともなわず、気がついたらいつの間にかできてしまっているところ。しこりの周辺が少し赤くなることはあっても、お母さんに発熱などの症状がないのも特徴です。

そして、対処法はといえば、ほとんど乳腺炎と同じ。適切なポジショニング（姿勢）とラッチ・オン（吸い付かせ方）を再度確認すること（42ページ参照）、頻繁に授乳すること、ブラジャーや抱っこひもなどで圧迫しないことが大切です。そのほか、乳管閉塞の場合は、授乳前にシャワーや蒸しタオルで乳房を温めたり、しこりの部分から乳頭方向へとマッサージをしたり、しこりのある側の乳房から授乳したりするのもいいと思います。

乳頭の先に白い斑点（「白斑」）が出ている場合、乳管の詰まりと関連していることも考えられるので、蒸しタオルで温めたり、オイルでやわらかくしたりして取り除くといいでしょう。どうしても取れなくて気になる場合は、母乳外来に相談しましょう。針などで除去することもあるようです。ただ、痛みなどもなく、それほど困ることもないので、乳腺炎になるようなことがなければ、そのままにしておいてもいいでしょう。

また、授乳中かどうかに関係なく、乳がんなどを疑う場合は、乳腺外科を受診してください。母乳に血液が混じる場合、しこりが急速に大きくなった場合、授乳期間が終わっても小さくならない場合などは、一度専門医に診てもらったほうが安心できると思います。

そして、授乳期間かどうかに関係なく、月に1回は乳房から脇の下までしこりがないかどうか触ってみて、異常を感じれば受診してくださいね。40歳以上になったら、定期健診（マンモグラフィ）を受けましょう。（宋）

A

ほとんどの場合は、心配ありません。でも、気になる場合は乳腺外科を受診して。

Column 5

母乳のネット販売問題

以前、インターネットで母乳を販売している業者がいて問題になりました。提供者や母乳の状態や感染症、保管や輸送の状況など、どれも購入者には確かめる術がないですね。

イギリスの調査によると、ネット販売された母乳の21%にサイトメガロウイルス感染があったとのこと(※1)。同調査によると、母乳101個のサンプルで細菌感染がなかったのは9個。つまり、適切な管理をされていないということです。母乳バンク以外から入手した母乳を赤ちゃんに与えるのは、とても危険ですから、絶対にしないでください。

そして、日本では母乳バンクが普及していませんが、もしも普及したとしたら、みんなが利用すべきでしょうか？

NICUに入院するような在胎週数に比べて極めて小さい赤ちゃん、とても早い週数で生まれた赤ちゃんにとっての母乳は生命予後にも関わるので、単なる栄養ではなく治療という意味があります。1000g未満の出生体重であっても、できる限り早く経腸栄養をとることが、栄養状態だけでなく免疫的にも有効であるため、一滴の母乳を口に含ませることもあるくらいです。

母乳バンクは、そういった生命維持のために母乳が必要なお子さんが利用するものだと私は思います。提供された母乳の検査にも管理にも多大なコストがかかるからです。

お母さんの周囲の人、特に医療関係者は、買ってでも母乳を飲ませなくてはと思い込む母たちの焦燥感を考え、母乳への手放しの礼賛を控えるべきだと思います。(森戸)

※1　British Medical Journal（2015;350:h1485）

第5章
離乳・卒乳のこと

Q1 離乳食っていつから始めるべき？

母乳や粉ミルクは、赤ちゃんにとって完全栄養食品ですが、生後5～6か月頃になると、たんぱく質、脂質、ビタミン類、鉄・カルシウム・亜鉛などのミネラル類が所要量を満たさなくなってきます。だから、厚労省の「離乳の基本」というガイドラインでも生後5か月頃に離乳食を始めるのがよいとされているのです。

しかも、赤ちゃんには口に入ったものを舌で押し出す『提舌反射《ていぜつ》』が備わっていますが、この反射が消失するのが4～6か月頃なので、ちょうどスプーンで食べものを与えられるようになります。私たちの身体は、よくできていますね。

「アレルギー予防には離乳食を遅く始めたほうがいい」「1～2歳までは母乳だけで育てたほうがいい」という説があるようですが、これは大間違い。家族にアレルギー疾患があるとか、すでに赤ちゃんがアレルギーだと診断されている場合は、小児科医に相談してください。自己判断で食事制限をすると却ってよくないからです。

厚労省の「授乳・離乳の支援ガイド」によると、卵や牛乳をとる時期を遅らせた子どもたちは、5歳半で湿疹が多かったそうです（※1）。一方、生後12～15週という早期に固形物を食べた子どもたちは、固形物を食べなかった子どもたちに比べて、湿疹が出たりゼイゼイしたりすることが多かったとのこと。日本小児アレルギー学会も、離乳食の開始は、遅すぎても早すぎてもよくないとしています（※2）。

ただ、離乳とは、母乳や粉ミルクなどの液体からしか栄養を摂れなかった赤ちゃんが、固体物も摂取できるようになるという意味で、母乳や粉ミルクをやめるという意味ではありません。厚労省もＷＨＯも離乳食の開始以降も、母乳は子どもがほしがるだけ与えるようすすめています。生後少なくとも４か月、できるだけ６か月までは母乳だけを与え、２年かそれ以上あげ続けても問題ありません。粉ミルクの場合は、厚労省のガイドによると離乳食を開始して１か月を過ぎたら１日３回程度、９か月以降は２回程度が目安とされています。離乳食の進め方は、厚労省の「授乳・離乳の支援ガイド」を参考にしてみてくださいね。（森戸）

A

離乳食の開始は生後5〜6か月頃が適正で、それより早くても遅くてもよくありません。

※１　厚生労働省「授乳・離乳の支援ガイド」　http://www.mhlw.go.jp/shingi/2007/03/dl/s0314-17.pdf
※２　日本小児アレルギー学会「食物アレルギー診療ガイドライン２０１２ダイジェスト版」
http://www.jspaci.jp/jpgfa2012/chap11.html

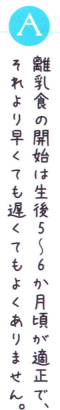

Q2 母乳ばかり飲んで離乳食を食べません

せっかく離乳食を作ったのに、全く食べてくれないということもあるかもしれません。私の二人の娘たちは、どちらも離乳食を食べたがらず、延々と格闘したすえ、離乳完了後によく食べるようになりました。柔らかさや栄養バランス、メニューを考え、工夫して作ったのに拒否されると本当に悲しいものです。

こういう医学というよりも育児の範疇のことには、比較試験や統計などのデータがないうえ、個人差も大きいので正解を示すことはできません。参考にしようと手にとった医師向けの本にも、「母乳を減らしてお腹をすかせましょう」という意見もあれば、「母乳を減らす必要はありません」という意見もありました。病気ではないのですから、個人差や好みが尊重されていいからかもしれません。

厚労省の「授乳・離乳の支援ガイド」作成に携わった相模女子大学教授の堤ちはる先生は、「(母乳は)子どもの欲するまま与える」と個人差を考慮してあえて回数を提示しなかったと説明しています(※1)。やはり、離乳食をなかなか食べないときも、母乳や粉ミルクは制限しなくてもいいのではないでしょうか。

また、乳児健診をしていると、「離乳食の作り方にあるとおりの量だと多い（少ない）んです」という相談を受けることもあります。こういう疑問に対しても堤先生は、以前のガイドのように目安量を「○g」と記載しないで、「○～○g」と記載するようにしたと書かれています。本来は数字にこだわりたくはなかったそうですが、少子化で経験のない保護者も多いので目安を入れたそうです。喜んで食べるか、満足しているかというお子さんの様子をよく見てみましょう。

そういうわけで明確な解決法はありませんが、どうしたら子どもが食べてくれやすいかというヒントを書いてみます。WHOによると、「子どもを急かしてはいけません。子どもは少し食べ、少し遊び、そしてまた少し食べるかもしれません。子どもが食べるよう促すには、忍耐と楽しいユーモアセンスが必要です。例えば、スプーンを鳥に見立てて、ヒナに食べさせるように飛んでくるふりをする、あるいは人形、ほかの子ども、ぬいぐるみのための食べもののように見せたりするなどです」とのこと（※2）。食事は楽しくてよいものだというイメージを持ってもらうとお互いにラクですね。

だから、お腹がすいていないときに、無理に食べさせるのはよくないのです。反対にお腹がすきすぎているときも、泣いたり怒ったりしてスムーズに食べないでしょう。離乳食をあげてから授乳すべきという話もありますが、少量の母乳や粉ミルクをあげてから食べさせるなど、臨機応変に対応しましょう。

離乳食の進め方の目安

	離乳の開始 →			→ 離乳の完了
	生後5、6か月頃	7、8か月頃	9か月から11か月頃	12か月から18か月頃
〈食べ方の目安〉	• 子どもの様子を見ながら、1日1回1さじずつ始める。 • 母乳や粉ミルクは飲みたいだけ与える。	• 1日2回食で、食事のリズムをつけていく。 • いろいろな味や舌ざわりを楽しめるように食品の種類を増やしていく。	• 食事のリズムを大切に、1日3回食に進めていく。 • 家族と一緒に楽しい食卓体験を。	• 1日3回の食事のリズムを大切にして、生活リズムを整える。 • 自分で食べる楽しみを手づかみ食べから始める。
〈食事の目安〉調理形態	なめらかにすりつぶした状態	舌でつぶせる固さ	歯ぐきでつぶせる固さ	歯ぐきで噛める固さ
一回当たりの目安量 Ⅰ 穀類(g)	• つぶしがゆから始める。 • すりつぶした野菜なども試してみる。 • 慣れてきたら、つぶした豆腐・白身魚などを試してみる。	全がゆ 50～80	全がゆ90～軟飯80	軟飯90～ご飯80
Ⅱ 野菜・果物(g)		20～30	30～40	40～50
Ⅲ 魚(g)		10～15	15	15～20
Ⅲ 又は肉(g)		10～15	15	15～20
Ⅲ 又は豆腐(g)		30～40	45	50～55
Ⅲ 又は卵(個)		卵黄1～全卵1/3	全卵1/2	全卵1/2～2/3
Ⅲ 又は乳製品(g)		50～70	80	100

厚生労働省「授乳・離乳の支援ガイド」p44より抜粋して作成

また、赤ちゃんせんべい、野菜スティック、小さなおにぎりなど、月齢に合わせて子どもが手に持てるものを用意しておいて、それを子どもが自由に眺めたり、口に入れてみたり、叩いてみたりしている合い間に親がスプーンで離乳食を口に運ぶというのはどうでしょうか。

ちなみに、厚労省の「授乳・離乳の支援ガイド」には5〜6か月で1日1回の離乳食、7〜8か月で1日2回、9か月からは1日3回といった食事回数の目安が載っていますが、前述のWHOのものだと違います。6〜7か月では1日3回与え、12か月までに1日5回へと増やすようすすめています。

いずれにせよ子どもの成長には個人差があるので、ガイドラインどおりには進まないもの。一度に少量しか食べない場合は回数を増やし、焦らず少しずつ与えてみましょう。（森戸）

A

個人差があるので焦らず工夫して与えて。母乳や粉ミルクは制限しなくてもOK。

※1　堤ちはる『小児科』2008 vol.49 No.2, p163-171
※2　「補完食　母乳で育っている子どもの家庭の食事」日本ラクテーション・コンサルタント協会

Q3 離乳食＋母乳（粉ミルク）で太っています

しっかり離乳食を食べたうえ、母乳や粉ミルクもよく飲むという場合は、赤ちゃんがぽっちゃりしてきて、心配になることもあるでしょう。たまに外来で、母乳や粉ミルクの回数を減らしたほうがいいかどうかについて質問を受けることがあります。

確かに胎児期や乳幼児期の栄養状態は、成人後の肥満や2型糖尿病、高血圧などと関係します。ただ、幼児期以降の肥満は成人肥満に移行することが知られていますが、乳児期（1歳未満）の肥満は成人肥満につながりにくく、治療は不要とする文献もあります（※1）。

こういう場合も母乳はやめなくていいでしょう。母乳で育てられた子どもが将来肥満になる確率が低いというのは、多数の研究でいわれています（※2、3）。なお、乳児肥満のリスク要因としては、母の妊娠糖尿病、母の肥満、母の喫煙、人工栄養（粉ミルク）、早すぎる離乳食の導入、

飲ませすぎ・食べさせすぎ、長時間のテレビやビデオなどの養育環境の問題も挙げられます（※4）
粉ミルクは、量が多くなりすぎないようにするといいかもしれません。

離乳食を食べる頃は、目覚ましく発達する時期なので、身体活動が活発になります。だから、食事量は減らさないでください。内容を見直して、炭水化物、脂肪、たんぱく質、食物繊維、ビタミンやミネラルなどをバランスよく摂らせるようにする程度で十分です。

それでも心配で、成長曲線の標準範囲にあてはまらないほど太っている場合は、小児科医に相談してください。ただ、そうして外来に来ていただいても、ほとんどのお子さんが経過をみていくうちに正常範囲に入ってきます。（森戸）

A

母乳や食事を減らさなくても活動量が増えると、標準的な体重になることが多いでしょう。

※1　伊藤善也『小児科臨床』1999 52巻増刊 p1195-1202
※2　Owen CG, et al : Effects of infant feeding on the risk of obesity across life course : a quantitative review of published evidence. Pediatrics 2005 May; 115(5) p1367-1377
※3　Harder T, et al : Duration of breastfeeding and risk of overweight : a meta-analysis. Am J Epidemiol 2005 sep 1;162(5) : 397-403
※4　荒木俊介『小児科』2008 vol.49 No.2 P183-191

Q4 仕事に復帰したら卒乳させるしかない？

仕事復帰をきっかけに、卒乳を考えるお母さんも多いようですが、保育園の通い始めは風邪をひいて休みがちになるもの。母乳をあげたほうが途上国でも先進国でも感染症にかかるリスクが低くなるので、むしろ保育園に通う子ども（特に1歳未満の場合）にこそ、可能であれば母乳を続けてあげたほうがいいと思います。

ただ、一部には搾乳した母乳を与えてくれる保育園もありますが、残念ながら多くの園では対応できないようです。各園によって指針があるので、交渉次第では搾乳した母乳（冷凍したものでも）をあげてくれるかもしれませんね。希望する方は、ぜひかけあってみてください。

また、保育園で過ごす日中は粉ミルクになっても、出かける前と帰宅後、夜間や休日などに授乳し続ければ、母乳育児は続けられます。現実的には難しい場合もあると思いますが、できれば日中は職場で搾乳しておきましょう（48ページ参照）。搾乳した母乳をあげる機会がない場合は、絞って捨てるだけでもかまいません。搾乳を続けることで、母乳の分泌量を保つことができるからです。休日に頻繁に授乳すると平日に張りやすくなるので、痛むようなら頻繁に搾乳するといいですね。

保育園によっては「お子さんが離乳食を食べなくなるから母乳はやめてください」「おっぱいがないとお昼寝できないのでは困ります。添え乳はやめてください」と言われることもあると聞きました。保育園としては1歳を過ぎると保育士1人あたりの園児の数も増えるため、手間を減らしたいという気持ちもわかります。

でも、母乳をあげたい母、飲みたい子どもに「母乳をやめなさい」と言うことは、個人的な権利を奪うものです。前述のとおり、母乳をやめたからといって離乳食をよく食べるようになるという保証はありません。家では添え乳でないと寝てくれなくても、慣れてきたら保育園では添え乳なしで眠れる子どもが多いと思います。お母さんが仕事で疲れて帰ってきて、家のことも終えてやっと休息をとるというときに夜泣きをされるとつらいですが、添え乳ですぐ眠ってくれれば助かるでしょう。母乳をやめる／続けることについて他人が口出しするのは越権行為なので、抗議してもいいと私は思います。（森戸）

A

出かける前や帰宅後、夜間、休日に授乳すれば続けることができます。

Q5 母乳はいつまであげていいの?

母乳は、子どもがほしがるなら、いつまででもあげてかまいません。

以前の母子手帳には、1歳と1歳6か月の記録欄に母乳の中止を促すような記載があり、1歳6か月健診の際にまだ母乳を続けていると「そろそろやめましょう」という指導が行われていました。しかし、その年齢で母乳をやめるべきだという説には医学的な根拠がなく、さらに母乳育児の利点がわかってきたので、2002(平成14)年に、「断乳」という言葉は母子手帳からなくなったのです。その代わりに「卒乳」という言葉が使われ始め、子どもが自分から母乳をいらないと言うまで続けてよいというように医療者の考えは変わってきました。

卒乳の時期は国によってさまざまですが、およそ2~4歳。ほかの哺乳類とヒトを比べると3~7歳まで母乳をあげるのが自然だとのことです(※1)。

WHOは、なるべく2歳までは母乳を続けるようにすすめています。ほかの哺乳類と違って、ヒトは咀嚼や嚥下がまだ上手ではない子どもに適した食事を作ることができるので、母乳や粉ミルクを比較的早くやめることは可能ですし悪いことではありません。が、だからといって、早くやめなくてはいけないということではないのです。

ところが、まわりの人に以下のように言われるお母さんも多いと聞きます。

①「1歳を過ぎたら母乳は栄養がなくなるからやめなさい」
②「母乳は歯に悪いよ」「噛まれると痛いからやめたほうがいい」
③「母乳をやめると朝まで寝てくれるよ」
④「食事を食べなくなるから母乳はやめたほうがいい」
⑤「次の妊娠を希望するならやめるべき」「妊娠中の授乳はお腹の子に悪い」

こうしたアドバイスは、どのくらい本当なのでしょうか。

①の母乳の栄養がなくなるというのはナンセンスです。産後1年が過ぎても、母乳に含まれるたんぱく質、脂質、糖などの量が極端に減ることはありません(※2)。固形の食事も必要ですが、母乳からも栄養は得られます。

②についていえば、母乳中の乳糖では虫歯にはなりません。虫歯は、歯の性質、食べかす、ショ糖（砂糖）の三大要因が揃ったときに発生します。ただし、離乳食を食べ始め、口にする食品が増えると口内環境が変わるので、母乳でも虫歯には注意しなくてはいけません。寝る前には必ず歯ブラシで磨きましょう。

お子さんに乳首を噛まれて痛いときは「痛いから、噛むのをやめて」と何度でも伝えてください。数回噛まれたとしても、その後は噛まなくなる場合もあるようです。

③の母乳をやめたらよく寝てくれるという説も、個人差があるので不確かです。母乳をやめ

たからといって、朝までぐっすり眠ってくれるという保証はありません。反対に、母乳をやめたら寝かしつけに苦労するようになったという話も外来でよく聞きます。

④前述のように母乳をやめたからといって食事量が増える保証もないので、それを理由に卒乳を促す必要はないでしょう（108ページ参照）。

⑤については、確かに母乳をあげているあいだは妊娠しづらくなります。受胎能力は、授乳の頻度、授乳時間の長さ、授乳間隔、児の吸啜の強さ、補足物（糖水、人工乳など）や離乳食を与えているかどうかなどの授乳状況に左右されるものです（※3）。卒乳したからといって必ずしも妊娠するとは限りませんが、頻繁に授乳している場合は少し減らしたほうがいいでしょう。

なお、授乳中に妊娠した場合も、特にトラブルがなければ授乳をやめなくても大丈夫です。流産や早産の原因になると言われることがありますが、証明されてはいません（※3）。また、母乳を与えているかどうかにかかわらず、流産や早産は10～15％の確率で起こります。直接母乳を飲ませるとオキシトシンという子宮収縮ホルモンが分泌されますが、妊娠初期・中期にはあ

まり影響はありませんから、安心してくださいね。もしも妊娠後期に、直接授乳のたびにお腹が張るようだったら、それがすぐに流産や早産に繋がるわけではありませんが、念のためやめておきましょう。母乳以外のスキンシップにとどめます。

繰り返しになりますが、子どもが自然にいらないと示す「自然卒乳」まで母乳を続けるというのは悪いことではありません。幼児期までの子どもがお母さんにべったりくっつく、母乳をほしがるというのは自然なことです。

それなのに、お母さんから無理に離そうとすると、しがみつきがひどくなることがあります。意図的に卒乳させたりしなくても、なんとなくやめられる場合もあるので、お子さんの様子を見ながらにしましょう。（森戸）

A　子どもが「母乳はいらない」と言うまで与え続けても大丈夫です。

※1　平林円『周産期医学』2009 vol.39増刊 p712
※2　米山京子ほか『日本公衆衛生雑誌』1995 第42巻7号 p472-481
※3　金森あかね『母乳育児支援スタンダード第2版』医学書院2015 p429-433

Q6 卒乳させるにはどうしたらいい？

子どもが自然に卒乳するのを待つという方法もありますが、お母さんのほうがやめたい、やめなくてはならない場合もあると思います。

私の周囲に母乳をやめたいと思う（思った）理由を聞いたところ、仕事に復帰するから、噛まれるようになって痛いから、という意見がありました。ほかにも、1日に何度も時間を取られて大変、つらいという場合もあるでしょうし、あまり知られていませんが「不快性射乳反射」のせいということもあるでしょう。

一般には授乳するとオキシトシンというホルモンが出て、お母さんは幸せを感じるという現象のほうがよく知られています。しかし、不快性射乳反射といって、逆に気分が落ち込むということもあるのです。

卒乳の仕方にはいろいろありますが、大きく3種類が挙げられそうです。

〈一定の時間からやめていく方法〉

一日中、母乳をあげなくなるのではなく、日中だけ夜だけなど、一定の時間だけ授乳をやめる方法です。働き出して昼間は時間的に無理というのも、これに入りますね。一緒にいるあいだだけ母乳をあげて、それ以外はお茶などの水分や食事を与えます。

反対に、夜だけ母乳をやめたいという場合もあるでしょう。日中は母乳をあげて、夜中に起きてしまったら充分にスキンシップをとる、お茶やお水といったほかの水分をあげる、あるいは粉ミルクをあげるという方法で眠れるようにしていきます。これに慣れてから、数週間から数か月かけて少しずつ卒乳していくという方法です。

〈母乳の回数を減らしていく方法〉

2~3日ごとに1回ずつ授乳回数を減らしていくという方法もあります。少しずつ減らせば、母乳の生成量も減っていくので、乳房の張りや痛みが少なくてすみそうです。そのぶん粉ミルクや離乳食で栄養を与え、スキンシップも増やしてくださいね。

そのほか、母親のほうから「おっぱいは?」と聞かず、子どもがほしがったときのみあげるという方法もあります。子どもが食事をとったあとに、授乳を忘れて遊び始めたときがチャンス。また、いつも授乳をしている場所に子どもが連れて行こうとしても行かないなどして習慣的な授乳をやめる、子どもが好きな飲みもの・食べものを父親やほかの人に与えてもらうという手もあるでしょう。その際には、コップやストローで飲む練習も兼ねられるといいですね。哺乳瓶で飲むのに慣れた頃、また別の方法で飲む練習をしなくてもいいからです。

母乳をねだられそうになったらおやつをあげる、絵本を読む、公園に行くなど、子どもが喜ぶことをするのもいいかもしれません。子どもが待てるようになっていたら「家に帰ってから」、「車に戻ってから」などと約束事を決めて授乳するというのも方法です。2歳くらいになっていたら時間の長さがわかってくるので「10数えるあいだだけね」と授乳時間を短くする、3歳くらいになっていたら話し合うことができるので、子どもと一緒に卒乳する日を決めるのもいいでしょう。カウントダウンのシールをカレンダーに貼るというのも楽しめそうですね。

でも、母乳をやめられる時期はお子さんによって違うので、可能ならば焦りすぎないようにしましょう。夜泣き、後追い、ぬいぐるみや毛布などへの愛着、分離不安の増加、噛みつき、吃音（どもり）などの以前にはなかったことが出てきたり、乳房が張ってくるのが不快なほどだったりしたら、まだ卒乳には早いのかもしれません。そういうときには卒乳を思い直してもかまわないのです。

〈突然やめなくてはならないとき〉

お母さんの健康上の理由で、急いで母乳をやめなくてはいけないという場合も考えられます。ちょっとした体調不良や風邪、花粉症などではなく、抗癌剤・免疫抑制剤・向精神薬を使わなくてはならないときなどのことです。母乳の分泌をストップする薬があるので、まずは、産婦人科医に相談してみてください。お子さんには、たとえわからなくても説明し、しっかりスキンシップをとってあげましょう。

母親というものは子どもに対して罪悪感を持ちやすいものだということを、私は日々よく感じます。よくよく考えてからの母乳中止でも、「申し訳なかった」「もっとあげていればよかった」と思い悩んだという話は本当によく聞きます。

でも、たとえ母乳をあげられなかったとしても、短い期間だったとしても、ある程度の長さの期間だったとしても、授乳をがんばったご自身をねぎらってください。授乳だけが育児ではありません。子育ては授乳期間が終わってからも長く続いていくものですから、無理をしなくていいんですよ。（森戸）

A

いろいろな方法があるので、試してみましょう。ただ、子どもの様子がおかしいときは延期を。

Column 6

ビタミンD欠乏症、くる病のこと

近年、過去の病気だと思われていた『ビタミンD欠乏症』や『くる病』になる子どもが増えています(※1、2)。

私たちの骨の強度を保つには、カルシウムだけでなくビタミンDが必要ですが、じつは粉ミルクと違って母乳中のビタミンDは意外と少ないもの。ビタミンDが欠乏すると、カルシウムも減ってしまい、くる病や骨粗鬆症の原因になります。不足時の症状としては、低身長や歩き始めた頃の足の骨の変形、けいれんなどが挙げられるでしょう。

ビタミンDは、紫外線を浴びることで体内での生成が促されるため、不足を防ぐには日光浴が有効です。日本は南北に長いので、緯度の高い札幌の12月は紫外線量が少なく、正午でも1時間以上、日光にあたったほうがいいでしょう(※3)。同じ頃、那覇だったら8分で充分。

肌の露出は約600㎠くらい、つまり大人の両手の甲と顔全体くらいの面積が必要です。日焼け止めは塗らないようにしてください。

また、ビタミンDが多く含まれているサケ、サンマ、ニシン、マグロ、カレイ、ウナギ、キクラゲ、シメジ、鶏卵などの食品を積極的に食べるようにしましょう。

生後5～6か月以降は、離乳食からさまざまな栄養を摂る必要が生じますが、ビタミンDもそのひとつ。お母さんがビタミンDやカルシウムをたくさん摂っても母乳に含まれる量は増えませんから、お子さん自身に食べさせてあげてくださいね。

離乳食が進まず、母乳ばかりになってしまうときは、小児科医に相談しましょう。(森戸)

※1　平澤絢香他『日本小児科学会雑誌』118 (2) 2014 p340
※2　野末裕紀他『日本小児科学会雑誌』118 (3) 2014 p548-459
※3　国立環境研究所「体内で必要とするビタミンD生成に要する日照時間の推定」
http://www.nies.go.jp/whatsnew/2013/20130830/20130830.html

小児科医ママの
一問一答！

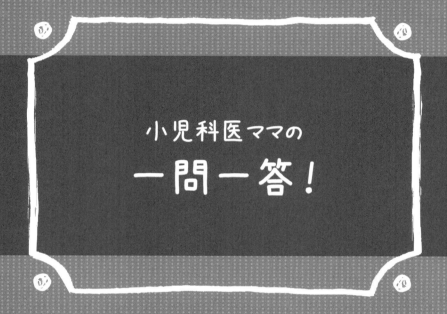

Q 赤ちゃんが母乳や粉ミルクを吐きます

A 母乳や粉ミルクをタラっと吐くのは、異常ではありません。赤ちゃんの胃は大人と違っているので、『溢乳《いつにゅう》』といって飲んだものが上がってくることがあるのです。

赤ちゃんは小さい身体に大人と同じ数の内臓が入っているために胃が圧迫されやすく、大人の横長の胃と違って縦長で、しかも逆流防止機能も未成熟なので、生後３か月くらいまではよく吐きます。健康な正期産児でも、約２/３に毎日１回の溢乳がみられるそうです（※１）。３～４か月健診の頃には溢乳することが減り、時間の経過とともに吐かなくなっていきます。生後８か月で半数が、１歳で９割が自然と吐かなくなるので、心配しすぎないでくださいね。

※１　側島久典『周産期医学』2012 Vol.42増刊号 p156

Q ナーシングストライキって何？

A ある日、乳児が母乳や粉ミルクを急に飲まなくなることがあります。これが、ナーシングストライキ（哺乳拒否）。

卒乳なら食事をよく食べ、機嫌もいいはず。ナーシングストライキは、食べないし機嫌が悪い、１歳未満であるというのが特徴で、原因ははっきりとはわかっていません。２～４日でおさまることが多いようですが、１週間以上続くことも。

こういうときは無理やり飲ませるのではなく、寝起きや寝入りばなのぼんやりしているとき、夢中で遊んでいるときに授乳する、スキンシップを増やす、お母さんの裸の胸に抱っこしてお子さんが飲みたくなるのを待つなどしましょう。もしも生後５か月以降で、食欲はあるようなら、離乳食を進めてくださいね。

Q 脱水症状の目安を教えて！

A 特に赤ちゃんにとって、身体に必要な水分が足りなくなった「脱水」の状態はとても危険なものです。尿の量が減ったり、肌やくちびる、口の中などの粘膜が乾燥したり、目がおちくぼんだり、泣いても涙が出なかったり、元気がなくぐったりするなどの症状がみられたら、なるべく早く小児科を受診しましょう。

脱水は、主になんらかの原因で母乳や粉ミルクなどをとれないために水分補給が十分でないとき、または嘔吐や下痢が激しいことで水分を大量に失うときに起こります。こういうときは、あらかじめ脱水を予防するために、水分を一度に大量に与えるのではなく、こまめに与えるようにしてください。経口補水液（OS1）を使うのもいいと思います。

Q フォローアップミルクって必要？

A 新生児期から飲ませる粉ミルクは、母乳の代わりにあげるもの。だから母乳の成分に可能な限り近づけられています。一方のフォローアップミルクは、牛乳の代わりのようなもの。牛乳よりもたんぱく質が少なくてアレルギーのリスクや胃腸への負担が軽く、不足しがちな鉄などのミネラルが摂取できるのです。ただ、日本で売られているフォローアップミルクは、生後９か月以降に使用するよう1990年に日本小児栄養消化器病学会乳児栄養委員会から勧告が出されています。

つまり、フォローアップミルクは、離乳食をよく食べる子には必要ありません。母乳をやめてフォローアップミルクに変更する必要もありません。離乳食が３回になった生後９か月以降、よく食べられていなければ飲ませてくださいね。

Q 最初からアレルギー用粉ミルクをあげていい？

A 現在、さまざまなアレルギー用粉ミルクが発売されています。低アレルゲン化されたアレルギー発症予防用の粉ミルクのほか、牛乳アレルギー用、乳糖不耐症用、大豆や卵のたんぱく質不耐症用などがありますが、いずれも医師に必要と判断された場合に使うものです。

日本小児アレルギー学会によると、海外（欧米）ではハイリスクの子どもの場合だけ、医師の診断のうえ、アレルギー発症予防のために低アレルゲン化ミルクの使用が推奨されているとのこと(※1)。ハイリスクの子どもというのは、両親や兄弟姉妹に食物アレルギーの人が１人以上いる場合です。しかし、予防効果についての十分な裏付けはなく、日本では推奨されていません。

また、実際にアレルギーがあったとしても、母乳よりアレルギー用粉ミルクのほうがよいというわけではありません(※2)。あくまでも母乳をあげられない場合に与えるものです。

ですから、自己判断で最初からアレルギー用粉ミルクを与えたりしないようにしましょう。気になる症状がある場合は、アレルギー専門医か小児科医に相談してくださいね。

※1 日本小児アレルギー学会「食物アレルギー診療ガイドライン2012 ダイジェスト版」 http://www.jspaci.jp/jpgfa2012/chap11.html
※2 Osborn DA., Sinn J.: Formulas containing hydrolysed protein for prevention of allergy and food intolerance in infants. Cochrane Databese Syst Rev. 2006 Oct 18 (4)

Q お風呂あがりは、お茶や湯冷ましをあげるべき？

A 生後6か月未満の子どもに、母乳や粉ミルク以外のものをあげる必要はありません。のどが渇いていそうなときも、お風呂あがりの水分補給も88%が水である母乳・粉ミルクをあげましょう。母乳・粉ミルク以外のものを絶対にあげてはいけないわけではありませんが、1歳未満なら少量（50mℓ以内）にしてください。

その理由は、お茶や湯冷まし、スポーツ飲料などをたくさん飲ませると、そのぶん母乳や粉ミルクを飲む量が減り、体重増加不良になるからです。実際、生後4か月のお子さんに毎日果汁・イオン飲料・湯冷ましを200〜300mℓ与えたため、体重増加不良になった事例があります（※1）。

※1　水野克己『周産期医学』2009 vol.39増刊号 p661-663

Q 果汁をあげたほうがいいの？

A 昔の母子手帳の3〜4か月の欄には、「薄めた果汁やお味噌汁の上澄みなどをあげていますか？」という項目がありました。しかし、果汁は①生後6か月未満の子に栄養学的利益がないこと、②脱水の治療や下痢のときの飲料として不適切であること、③過剰摂取は栄養障害に関係しうること、④過剰摂取が下痢・鼓腸・腹部膨満・う歯（虫歯）と関係することがわかってきたので削除されています（※1）。

でも、絶対にあげてはいけないわけではないので、お茶や湯冷ましと同様に少量なら問題ないでしょう。

もちろん、離乳食を開始してからはOKです。ただ、果汁よりも、細かく切ったり潰したりした果物を食べさせたほうが繊維やビタミンを多く摂れますよ。

※1　アメリカ小児科学会 栄養に関する専門委員会「子どもに果汁を与えるリスクと適切な摂取方法についての勧告」2001

Q いつまでも夜中に母乳をほしがります

A 夜中に起きずに寝るかどうかには、個人差があります。10か月で朝までぐっすり寝るという子もいれば、2歳でも夜中に起きてしまう子もいるでしょう。

夜中に母乳を飲みたがるというのは、お母さんをより近くに感じて安心したいからでしょうから、特に問題ありません。が、お母さんが熟睡できなくてつらい場合、母乳以外のことで眠ってほしいという場合には、背中をさする・トントンするとか、抱きしめるなどの母乳以外のスキンシップをとるように心がけるといいと思います。私は子守唄を歌ったり、哺乳瓶で麦茶を飲ませたりしていました。

もしかしたら、一時的に授乳の回数を減らすのもいいかもしれません(121ページ参照)。

Q 歯磨きって、いつからしたらいいの?

A 赤ちゃんに歯が1本でも生えてきたら磨きましょう。乳歯が生え始める時期は個人差が大きく、およそ3〜9か月頃。最初は歯ブラシではなく、ガーゼや市販の専用クロスで拭き取るだけでもかまいません。

ただし、母乳や粉ミルクに入っている乳糖では虫歯になりにくいのですが、食事に含まれるショ糖を摂りはじめると虫歯のリスクが高くなります。だから離乳食を始めている場合は必ず歯ブラシで磨くようにしてください。

なお、大人が赤ちゃんのくちびるにキスをする、同じ食器や箸などを使うことで、虫歯菌がうつることがあります。くちびるにはキスしない、食器や箸をわけることで予防できることを知っておきましょう。

Q 母乳をあげると下痢します

A　母乳だけ飲んでいるお子さんは、便が緩かったり水のようだったりすることがあります。これは『母乳性便』というもので異常ではありませんから、うんち以外に何か気になることがなければ受診の必要はありません。

また、小さいうちは母乳や粉ミルクを飲んだ途端に、うんちが出るというのも正常です。うんちの色も黄色だったり、オレンジだったり、黄土色やうぐいす色、深い緑色だったりするでしょうが、どれも正常です。

ただし、白い場合（母子手帳に付いているうんちの色の表で1－3番）は、すぐに小児科にかかりましょう。時間が経つと色が変わるので現物を持っていくだけでなく、携帯電話のカメラなどで写真を撮っておくことをおすすめします。

Q うんちが出ないのですが……

A　お腹が張っていたり、吐いてしまったり、長時間うなったりしていたら、まずはお腹をマッサージしてみます。それでもダメなら、オイルやクリームを塗った綿棒をおしりの穴に1～2cmほど入れ、ゆっくり大きく動かしてみてください。それでも出なくてお子さんが苦しそうだったら、小児科へ。便秘薬を処方したり、処置として浣腸したりする場合もあります。便秘薬や浣腸がくせになることはありません。

苦しそうにしていない場合や、おならがよく出ている場合は、少し様子を見てもいいのですが、やはり毎日排便する習慣をつけたほうがいいと思います。日本小児栄養消化器肝臓学会と日本小児消化管機能研究会のパンフレットも参考にしてみてくださいね[※1]。

※1　「こどもの便秘の正しい治療」　http://www.jspghan.org/constipation/kanja.html

おわりに

森戸やすみ

小児科医である私は、一歳児健診も担当します。その健診で、お母さんたちに「母乳と粉ミルク、離乳食は、今どんなふうにあげていますか？」と聞くと、次のような答えが返ってくることが多々あります。

「母乳と離乳食です。母乳は、もうやめなくちゃと思っているんですけど」

「残念なんですが、粉ミルクと離乳食です」

前者に、母乳は薄くならないこと、WHOは2歳まではあげたほうがいいと言っていることを伝えると驚かれます。「子どもが1歳を過ぎると、母乳は栄養がなくなる」とか「いつまでも母乳をあげていると虫歯になる」といったことを周囲から言われていたそうです。

さらには「美味しい母乳を作るには、あっさりとした和食を食べないと」「授乳中は好きなものを食べてはダメ」「高カロリーのものを食べると、乳腺炎になる」など、全く根拠のない都市伝説を聞かされている人もいます。

一方、後者には「粉ミルクをあげていると発達が悪くなると聞いて」「肥満児になるんですか?」などと聞かれます。そのたびに母乳じゃないからといって、発達が遅れたり、肥満児になったりすることはないと伝えます。「母乳が一番いい」「母乳だとIQが高くなる」「粉ミルクは太る」といったようなことを周囲に言われるからでしょう。

今では誰だって母乳がよいものであることは知っています。しかし、粉ミルクを足したり、粉ミルクだけで育てたりすることは、決して悪いことではありません。きちんと管理されているかどうかもわからない母乳をインターネットで購入するほど、母乳不足に焦ったり、母乳育児ができないことを悲観的に捉えたりするお母さんもいるということを私たちは知らなくてはなりません。

こうして無駄に大きな重圧をかけられるから、母親は子どもに対して罪悪感を持ちがちです。「母乳が思うように出なかったのは、私が悪かったから」と思う人もいるし、それとは逆に「いつまでも母乳をあげて悪かった。早くやめなくちゃいけなかったのに」と思う人もいます。周囲の人たちが母親に望む理想像には無理があって、おまけに人によって言うことが違います。これではキリがありません。

産婦人科専門医の宋美玄先生と小児科専門医の私、編集の大西さんの3人は、そういった現状について、とことん話し合いました。あまりに行きすぎた母乳礼賛も、母乳育児中の母親に都市伝説を押しつけるのも、考えなしに粉ミルク育児をすすめるのも違う、と。そして、粉ミルクが流行して母乳よりもよいと思われていた時代は過ぎ、母乳の素晴らしさが浸透した今こそ、両者について冷静に評価をする時期だと考えました。

そこで本書の執筆や編集において、私たちは現在わかっている医学的に確かな情報を基本によく聞く都市伝説を否定するとともに、とにかく偏らないことを心がけました。母乳育児をやみくもに押しつけるのではなく、反対に考えなく粉ミルクをすすめるのでもなく、〝中道〟な考え方を示せているとしたら、とても画期的な本になったのではないかと思います。

赤ちゃんが母乳や粉ミルクを飲む期間は、過ぎてしまえばあっという間のこと。初めは誰もが戸惑い、少なからず格闘する授乳期に、みなさんと大切な赤ちゃんがなるべく笑顔で楽しく過ごせることを願っています。

平成27年11月

著者プロフィール

宋美玄（そん みひょん）

1976年、兵庫県神戸市生まれ。2001年大阪大学医学部医学科卒業。産婦人科専門医、医学博士。現在は東京都千代田区にある「丸の内の森レディースクリニック」院長。産婦人科の臨床医を務める傍ら、テレビや雑誌、講演などで、セックス、女性の性や妊娠・出産などについての啓発活動を行っている。『産婦人科医ママの妊娠・出産パーフェクトBOOK』（内外出版社）、『女医が教える本当に気持ちのいいセックス』（ブックマン社）シリーズなど著書多数。

森戸やすみ（もりと やすみ）

1971年、東京生まれ。小児科専門医。一般小児科、NICU（新生児特定集中治療室）などを経て、現在は東京都台東区にある「どうかん山こどもクリニック」院長。医療者と非医療者の架け橋となるような記事を書いていきたいと思っている。著書に『小児科医ママの「育児の不安」解決BOOK』（内外出版社）、共著書に『赤ちゃんのしぐさ』（洋泉社）、監修書に『祖父母手帳』（日本文芸社）などがある。

新装版
母乳でも粉ミルクでも混合でも！
産婦人科医ママと小児科医ママの
らくちん授乳BOOK

発行日　2018年３月15日　第１刷発行
　　　　2023年10月１日　第４刷発行

著者　　宋美玄　森戸やすみ
発行者　清田名人
発行所　株式会社内外出版社
　　　　〒110－8578
　　　　東京都台東区東上野2－1－11
　　　　電話　03-5830-0368（販売部）
　　　　電話　03-5830-0237（編集部）
　　　　URL　http://www.naigai-p.co.jp

装丁・本文デザイン／下村敏志（Kre Labo）
印刷・製本／中央精版印刷株式会社

ISBN 978-4-86257-364-3

本書は、2015年11月にメタモル出版より発行された書籍を復刊したものです。